ÉLÉMENTS

DE LA

GRAMMAIRE FRANÇAISE

Par LHOMOND,

CORRIGÉS, ANNOTÉS ET ENRICHIS

DE

DICTÉES ANALYTIQUES ET ORTHOGRAPHIQUES

EN REGARD DU TEXTE,

PAR M. A. PEIGNÉ,

Président de la société grammaticale de Paris.

NOUVELLE ÉDITION.

Ouvrage adopté par le Conseil de l'instruction publique.

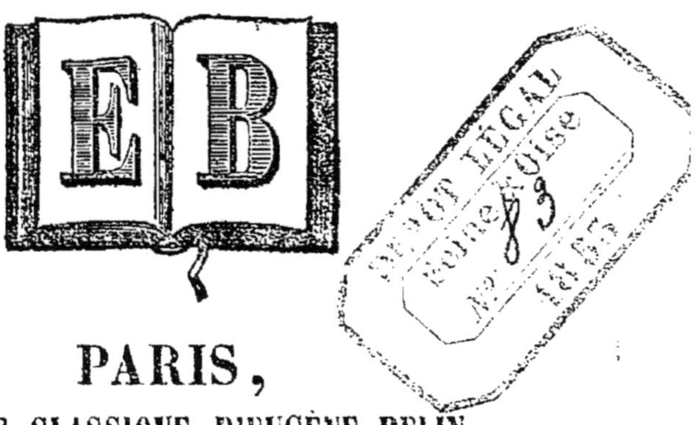

PARIS,

LIBRAIRIE-CLASSIQUE D'EUGÈNE BELIN,

RUE DE VAUGIRARD, Nº 52,

Derrière le séminaire de Saint-Sulpice.

1853.

Sera réputé contrefait tout exemplaire non revêtu des signatures de l'auteur et de l'éditeur.

OUVRAGES DE M. PEIGNÉ.

TABLEAUX DE LECTURE, *seuls* adoptés, après concours public (1835), par la Société pour l'instruction élémentaire, par le Conseil de l'instruction publique, par le ministre de la guerre, et par le comité central d'instruction primaire du département de la Seine. (16 Tableaux en 23 feuilles).   1 fr. 25 c.

NOUVEAUX TABLEAUX DE LECTURE à l'usage des écoles mutuelles et des écoles simultanées, 1853. (39 Tableaux.)   1 fr. 25 c.

MÉTHODE DE LECTURE, 1 vol. in-12.   30 c.

NOUVEAU SYLLABAIRE FRANÇAIS, mis en rapport avec les Tableaux de lecture, broché.   10 c.

SCRIPTOLÉGIE, ou la Lecture par l'Écriture, 1 vol. in-8. 2me édition.   1 fr. 50 c.

ÉLÉMENTS DE LA GRAMMAIRE FRANÇAISE de Lhomond, édition corigée, annotée et enrichie, pour la première fois, de dictées analytiques et orthographiques en regard du texte, 1 vol. in-12, cartonné.   60 c.

DICTÉES ANALYTIQUES ET ORTHOGRAPHIQUES SUR LES PARTIES DU DISCOURS, avec des notes explicatives et avec l'indication des procédés pour chaque exercice. 1 vol. in-12, cart.   1 fr.

DICTIONNAIRE ABRÉGÉ DES DÉCOUVERTES ET DES INVENTIONS dans les Sciences et dans les Arts. 1 vol. in-18 de 440 pages.   1 fr. 25 c.

SAINT-CLOUD. — IMPRIMERIE DE Me Ve BELIN.

PRÉFACE DE LA PREMIÈRE ÉDITION.

Depuis quarante ans, la *Grammaire française* de Lhomond est en possession des établissements d'instruction publique. Quoi qu'on ait fait pour l'en exclure, cette grammaire, nonobstant les imperfections dont elle fourmille, est encore aujourd'hui sans contredit la plus répandue.

C'est qu'il s'attache au nom de *Lhomond*, de cet estimable auteur qui aimait tant l'enfance, et qui a tant fait pour elle, une sorte de prestige, à la puissance duquel nous restons involontairement soumis.

Cette considération, jointe au desir d'empêcher une foule d'erreurs grammaticales de se propager plus longtemps dans les écoles primaires, m'a déterminé à revoir, disons mieux, à corriger les *Éléments* de Lhomond. — Il ne me serait guère possible d'énumérer, dans une préface aussi peu étendue que celle-ci, toutes les additions, tous les retranchements, toutes les rectifications enfin que j'ai cru devoir faire subir au travail de Lhomond (1) : c'est aux instituteurs qu'il appartient de reconnaître et

(1) Ces améliorations sont plus nombreuses encore dans cette nouvelle édition. Procédant ainsi avec une sage lenteur, j'espère parvenir bientôt à remplacer dans les écoles, sans secousse, sans embarras et sans trouble, la grammaire de Lhomond par une grammaire réellement nouvelle, et tout-à-fait en harmonie avec les progrès de la science grammaticale.

d'apprécier mon travail sous ces divers rapports. Cependant, il me sera permis d'appeler leur attention sur les DICTÉES *analytiques* que j'ai ajoutées au texte : la place que je leur ai assignée, les numéros d'ordre, les instructions données au maître, le choix des exemples qui parlent toujours au cœur ou à l'esprit, la pratique jointe à la théorie : tout cela sera, je l'espère, jugé avec quelque faveur par les hommes de l'enseignement (1).

Telle que je l'offre au public, cette grammaire est encore loin de répondre complétement aux exigences d'une étude même élémentaire de la langue française ; il ne m'a pas été possible non plus d'en extirper toutes les erreurs émises par l'auteur : celui-ci en reste seul responsable. Quant aux principes professés par moi, les instituteurs les trouveront développés dans les *Nouveaux Éléments de Grammaire en 48 leçons*, que j'ai publiés en 1833, et dans les *Leçons de Grammaire transcendante* auxquelles des circonstances indépendantes de ma volonté m'ont empêché jusqu'ici de mettre la dernière main.

---

(1) Les *Dictées analytiques et orthographiques* que j'ai fait paraître en 1839 complètent heureusement les dictées placées en regard du texte de cette grammaire.

ÉLÉMENTS

DE LA

GRAMMAIRE FRANÇAISE.

INTRODUCTION.

La Grammaire est l'art de parler et d'écrire correctement. Pour parler et pour écrire, on emploie des MOTS : *papa, maman, cheval, maison, vérité,* sont des MOTS.

Les mots sont composés de *syllabes.* Il y a *deux* syllabes dans *pa-pa;* il y en a *trois* dans *vé-ri-té.*

Dans le langage écrit, les mots sont représentés par des *lettres.*

Il y a deux sortes de lettres : les *voyelles* ou *sons,* et les *consonnes* ou *articulations.*

Les voyelles sont *a, e, i, o, u.* — On les appèle *voyelles,* parceque, seules, elles forment une voix, un son.

Il y a dix-huit consonnes, savoir : *b, c, d, f, g, j, k, l, m, n, p, q, r, s, t, v, x, z* (1). Ces lettres s'appèlent *consonnes,* parcequ'elles *vont avec* le son (2), comme dans CA-MA-RA-DE. Les consonnes n'ont donc pas de son par elles-mêmes.

---

(1) Faites prononcer *be, que, de, fe, gue, je, ka, le,* etc.
(2) Le mot *consonne* vient de *cum,* avec, et de *sonus,* son. — Ces lettres sont généralement appelées aujourd'hui *articulations,* parceque, en effet, elles sont les signes des mouvements exécutés par les organes de la parole, et pas autre chose.

Il y a trois sortes d'*e* : *e* muet, *é* fermé, *è* ouvert (1).

L'*e* MUET, comme à la fin de ces mots : *homm* e, *mond* e. — On l'appèle *muet*, parceque le son en est sourd et peu sensible.

L'*é* FERMÉ, comme à la fin de ces mots : *bont* é, *caf* é. Cet *é* se prononce la bouche presque fermée.

L'*è* OUVERT, comme à la fin de ces mots : *pro* cès, *ac* cès, *suc* cès. Pour bien prononcer cet *è*, il faut appuyer dessus et desserrer les dents (2).

L'*y* grec s'emploie pour deux *i* après une voyelle, comme dans *pay* s, *moy* en, *joy* eux : prononcez *pai-is, moi-ien, joi-ieux*. Après une il se prononce comme un *i* simple : *style, mystère*.

La lettre *h* est tout-à-fait nulle dans certains mots : ainsi l'on prononce *l'homme, l'honneur, l'histoire*, comme s'il y avait *l'omme, l'onneur, l'istoire* : alors on l'appèle *h muet*.

Mais dans les mots suivants, *la haine, le hameau, le héros*, la lettre *h* indique qu'il faut prononcer un peu du gosier le son qui suit : alors on l'appèle *h d'aspiration*. Ainsi l'on écrit et l'on prononce séparément les deux mots *la haine*, et non pas *l'haine ; les héros*, et non pas comme s'il y avait *les zhéros*.

---

(1) On se trompe quand on dit qu'il y a trois sortes d'*e*. La lettre *é* n'est pas *e ;* la lettre *è* n'est pas *é :* il serait donc mieux de dire que *e, é, è* sont trois sons, auxquels il faut ajouter encore *eu, ou, an, in, on, un, oi, oin*.

(2) Faites remarquer que l'*é* et l'*è* s'écrivent aussi sans accent, comme dans *rester*, que l'on prononce *rèsté*.

Des voyelles longues *et des voyelles* brèves.

Les voyelles *longues* sont celles sur lesquelles on appuie plus longtemps que sur les autres en les prononçant.

Les voyelles *brèves* sont celles sur lesquelles on appuie moins longtemps. Par exemple :

a est long dans *pâte,* et bref dans *patte.*
e est long dans *bête,* et bref dans *trompette.*
i est long dans *gîte,* et bref dans *petite.*
o est long dans *côte,* et bref dans *dévote.*
u est long dans *flûte,* et bref dans *butte.*

Pour marquer les différentes sortes d'e et les voyelles longues, on emploie trois petits signes que l'on appèle *accents,* savoir :

L'accent *aigu* ('), qui se met sur les *é* fermés : *bonté ;*

L'accent *grave* (`), qui se met sur les *è* ouverts : *accès* (1);

L'accent *circonflexe* (ˆ), qui se met sur les voyelles longues : *apôtres* (2).

Il y a en français dix sortes de mots qu'on appèle les *parties du discours,* savoir : le *Substantif,* l'*Article,* l'*Adjectif,* le *Pronom,* le *Verbe,* le *Participe,* la *Préposition,* l'*Adverbe,* la *Conjonction* et l'*Interjection* (3).

---

(1) Quand on ne reconnaîtra plus trois sortes d'*e,* nous supprimerons tout ce qui est dit au sujet des accents.

(2) Il y a une foule de syllabes longues sans accent circonflexe, comme *rose, bise,* etc. — L'accent circonflexe indique toujours la suppression d'une lettre : *bâton* pour *baston* (on dit encore *bastonnade*), âge, rôle, pour *aage, roole.*

(3) On pourrait sans inconvénient ne compter que *huit* espèces de mots. L'*article* est évidemment un *adjectif;* le *participe* appartient au *verbe.*

CHAPITRE PREMIER.

PREMIÈRE ESPÈCE DE MOTS.

DU SUBSTANTIF.

1. — Le SUBSTANTIF est un mot qui sert à désigner tout ce qui existe dans la nature, comme *Pierre, Paul, livre, chapeau;* ou dans notre esprit, comme *vertu, bonté, patience, courage.*

Il y a deux sortes de substantifs : le substantif *commun* et le substantif *propre.*

2. — Le substantif *commun* est celui qui convient à tous les êtres ou à toutes les choses de la même espèce : ainsi, les substantifs *homme, cheval, maison,* sont des substantifs *communs;* car le substantif *homme* convient à Pierre, à Paul, etc.

3. — Le substantif *propre* est celui qui ne convient, au moment où l'on parle, qu'à une seule personne ou à une seule chose, comme *Adam, Eve, Paris, la Seine.*

Dans les substantifs il faut considérer le *genre* (1) et le *nombre* (2).

4. — Il y a en français deux genres : le *masculin* et le *féminin.* Les noms d'hommes ou d'animaux mâles sont du genre masculin, comme un *père,* un *lion;* les noms de femmes ou d'animaux femelles sont du genre fémi-

(1) Le *genre* est la propriété qu'ont les substantifs, précédés d'un déterminatif, de désigner le sexe, réel ou fictif, des êtres ou des objets qu'ils représentent.

(2) Le *nombre* est la propriété qu'ont les substantifs et les pronoms d'indiquer l'*unité* ou la *pluralité.*

CHAPITRE PREMIER.

PREMIÈRE ESPÈCE DE MOTS.

(Faites souligner les SUBSTANTIFS. *)*

1. — Un *frère* est un *ami* donné par la *nature.*

La *Seine* est un *fleuve* qui traverse une grande *partie* de la *France.*

L'*argent* ne peut pas donner le *bonheur.*—Il faut le demander au *travail* et à la *vertu.*

(Demandez pourquoi les substantifs suivants sont des SUBSTANTIFS COMMUNS.*)* (1)

2. — Le *coq* chante, le *chien* aboie, le *cochon* grogne, le *taureau* beugle, le *ver* rampe, l'*agneau* bêle.

Le *vent* souffle, l'*éclair* brille, le *tonnerre* gronde.

(Faites souligner les SUBSTANTIFS PROPRES, *et demandez pourquoi on les appèle ainsi.)* (2)

3. — *Paris* est la capitale de la *France.*

Turenne, Condé, Catinat, Villars, ont acquis par leurs exploits une gloire immortelle.

Pierre-le-Grand, empereur de *Russie,* était un homme infatigable.

Il travailla dans les chantiers de la marine à *Amsterdam* en *Hollande.*

(Demandez de quel GENRE *sont les substantifs suivants.)*

4. — Mon cher *enfant* (*m.*), ta *mère* (*f.*) a beaucoup de *tendresse* (*f.*) pour toi.

Un *fleuve* (*m.*) est un grand *courant* (*m.*) d'*eau* (*f.*) qui se jète dans la *mer* (*f.*).

Une *mer* (*f.*) est une grande *étendue* (*f.*) d'*eau* (*f.*) salée.

---

(1) Parcequ'ils conviènent à tous les êtres ou à toutes les choses de la même espèce.

(2) Parcequ'ils ne conviènent qu'à une seule personne ou à une seule chose.

nin, comme une *mère*, une *lionne*. On a donné aussi le genre masculin ou le genre féminin à des choses inanimées, comme un *livre*, une *table*, le *soleil*, la *lune*.

5. — Il y a deux nombres : le *singulier* et le *pluriel*. Le singulier, quand on parle d'un seul être ou d'une seule chose, comme un *homme*, un *livre ;* le pluriel, quand on parle de plusieurs êtres ou de plusieurs choses, comme les *hommes*, les *livres* (1).

Formation du pluriel *dans les* substantifs.

6. —RÈGLE GÉNÉRALE. — Pour former le pluriel dans les substantifs, ajoutez un *s* au singulier : le *père*, les *pères ;* la *mère*, les *mères ;* le *livre*, les *livres ;* la *table*, les *tables*.

7.— 1ʳᵉ *exception.* Les substantifs terminés au singulier par *s, z, x,* s'écrivent de même au pluriel : le *fils*, les *fils ;* le *nez*, les *nez ;* la *voix*, les *voix*.

8. — 2ᵉ *exception.* Les substantifs terminés au singulier par *au, eu, ou,* prènent *x* au pluriel : le *bateau*, les *bateaux ;* le *feu*, les *feux ;* le *bijou*, les *bijoux* (2).

9. — 3ᵉ *exception.* La plupart des substantifs terminés au singulier par *al, ail,* font leur pluriel en *aux* : le *mal*, les *maux ;* le *cheval*, les *chevaux ;* le *travail*, les *travaux* (3). — *Aïeul, ciel, œil,* font au pluriel *aïeux, cieux, yeux* (4).

---

(1) Il y a des substantifs qui ne s'emploient qu'au singulier, comme la *faim*, la *soif*, la *bienfesance ;* d'autres ne s'emploient qu'au pluriel, comme *funérailles, ténèbres,* etc.

(2) Jusqu'à présent, on a écrit avec *x*, des *bijoux*, des *choux*, des *genoux*, des *hiboux*, des *joujoux* et des *poux*. Comme tous les autres substantifs en *ou* s'écrivent au pluriel avec *s*, écrivons aussi des *bijous*, des *genous*, des *hibous*, des *joujous* et des *pous*.

Mon *fils* (*m.*), soulage ton *père* (*m.*) dans sa *vieillesse* (*f.*), et ne l'attriste pas durant sa *vie* (*f.*).

On appèle *poussins* (*m.*) les *petits* (*m.*) de la *poule* (*f.*).

(*Demandez à quel* NOMBRE *sont les substantifs suivants.*)

5. — Le *travail* (*s.*) attire l'*aisance* (*s.*) ; l'*assiduité* (*s.*) attire la *confiance* (*s.*).

Chaque *peuple* (*s.*) se compose d'une *multitude* (*s.*) de *familles* (*pl.*).

Les *peuples* (*pl.*) échangent leurs *services* (*pl.*), et se procurent par ces *échanges* (*pl.*) les *choses* (*pl.*) nécessaires à la *vie* (*s.*)

(*Faites mettre les phrases suivantes au* PLURIEL. — *Vous dicterez d'abord chaque phrase au* SINGULIER.)

6. — La caresse de la mère. — Le plaisir de l'enfant. — Le devoir du citoyen. — Le livre de l'élève. — La maison du propriétaire. — Le trésor du riche. — La récompense du brave. — Le fusil du grenadier. — La revue de l'intendant. — La fleur de la prairie. — La poule du fermier.

7. — La pension de mon fils. — La voix du chanteur. — Le prix de la marchandise. — Le nez du perroquet. — L'avis du vieillard. — La croix d'honneur. — Le pont-levis de la citadelle. — La toison de la brebis. — J'ai passé un mois dans ce pays. — Le salsifis du jardin. — Le repas du pauvre.

8. — Le château du prince. — Le noyau de la cerise. — Le jeu de l'enfant. — Un feu d'artifice. — Le chou du jardin. — Le pou du cheveu. — Le drapeau du régiment. — Le feu du bivouac. — Le hibou du château. — Le manteau de l'officier. — Le marteau du forgeron.

9. — Le travail du caporal. — Le cheval du général. — Le bail du propriétaire. — Un rival de gloire. — Un hôpital. — Le journal du voyageur. — On creuse un canal. — L'arsenal militaire. — L'air entre dans la cave par le soupirail.

---

(3) Les substantifs en *ail* qui font leur pluriel en *aux*, sont : *Ail*, des *aulx* (on dit aussi des *ails*); *bail*, des *baux* ; *corail*, des *coraux* ; *émail*, des *émaux* ; *soupirail*, des *soupiraux* ; *travail*, des *travaux*. Les autres forment leur pluriel en ajoutant un *s*.

(4) On dit des *aïeuls* pour désigner le grand-père paternel et le grand-père maternel. On dit des *ciels* de lit : Ce peintre fait bien les *ciels*. Enfin, on dit des *œils* de bœuf (fenêtres rondes).

CHAPITRE II.

SECONDE ESPÈCE DE MOTS (1).

DE L'ARTICLE *le, la, les.*

1. — L'ARTICLE est un petit mot que l'on met devant les substantifs communs, et qui en fait connaître le genre et le nombre (2).

2. — Nous n'avons qu'un article : *le, la* au singulier, *les* au pluriel. *Le* se met devant un substantif singulier masculin, LE *père; la* se met devant un substantif singulier féminin, LA *mère; les* se met devant tous les substantifs pluriels, soit masculins soit féminins, LES *pères*, LES *mères.* Ainsi, l'on connaît qu'un substantif est du genre masculin quand on peut mettre *le* devant ce substantif; on connaît qu'un substantif est du genre féminin quand on peut mettre *la* (3).

3. — Il y a deux remarques à faire sur l'article :

1° On retranche *e* dans le mot *le*, on retranche *a* dans *la*, quand le mot suivant commence par une voyelle ou un *h* muet.

Ainsi, l'on dit *l'argent* pour *le argent*, *l'histoire* pour *la histoire;* mais alors, à la place de la lettre retranchée, on met cette petite figure ('), qu'on appèle *apostrophe.*

---

(1) L'article, ou, pour mieux dire, l'adjectif déterminatif *le, la, les,* ne fait plus une espèce de mots particulière. On assimile aujourd'hui avec raison *le, la, les* à *un, une; ce, cette, ces; mon, ma, mes,* etc.

(2) Par ce moyen, beaucoup d'adjectifs et même de verbes sont employés substantivement. On dit *le* BON est préférable *au* BEAU; *le* SOUPER *et le* COUCHER.

CHAPITRE II.

SECONDE ESPÈCE DE MOTS.

*(Dictez un substantif : l'élève mettra lui-même l'*ARTICLE.*)*

1. — Père. — Roi. — Mère. — Chien. — Clé. — Feuille. — Sœur. — Papier. — Plume. — Canif. — Secrétaire. — Table. — Couteau. — Serviette. — Verre. — Chaise. — Fauteuil.

*(Faites écrire les phrases suivantes au *PLURIEL.*)*

2. — La famille. — La fontaine. — Le ministre. — Le fusil. — La bretelle. — La guêtre. — Le pantalon. — La cocarde. — Le bonnet. — La giberne. — Le galon. — La capote. — La cravate. — Le col. — La tête. — Le cheveu. — Le front. — Le sourcil. — La prunelle. — La paupière. — Le nez. — La narine. — La joue. — La lèvre. — La bouche. — La dent. — L'oreille. — Le menton. — Le cou. — La poitrine. — Le cœur. — Le poumon. — Le foie. — La rate. — L'uniforme. — Le commandement. — Le peloton. — L'escouade. — La compagnie. — Le bataillon. — L'escadron. — Le régiment. — La brigade. — La division. — L'armée.

*(L'élève fera lui-même l'*ÉLISION.*)*

3. — *La* ivresse dégrade *le* homme. — *La* armée partira pour *la* Espagne. — Fuyez *la* oisiveté. — Suivez le chemin de *le* honneur. — *Le* étendard de *le* ennemi. — *La* épaulette de *le* officier. — *Le* encrier de *le* écolier. — *La* agilité de *la* hirondelle. — *La* enseigne de *la* auberge. — *Le* excès de *la* chaleur. — *La* utilité de *la* étude. — *La* immortalité de *la* ame. — *La* étourderie de *le* enfant. — Je préfère *la* artillerie à *la* infanterie. — *La* épée de *le* adjudant. — *La* ambition de *le* empereur. — *La* infortune de *le* exilé. — *Le* orgueil de *le* ignorant. — *La* adresse de *le* intrigant. — *La* invention de *la* imprimerie. — *La* entrée de *la* école. — *Le* usage de *la* apostrophe.

---

(3) Si le substantif commence par un son (*animal, épée*), mettez *un* ou *une* devant ce substantif pour en connaître le genre : UN *animal,* UNE *épée.*

4. — 2° Pour joindre un substantif à un mot précédent, on met *de* ou *à* devant ce substantif : *fruit* de *l'arbre;* — *utile* à *l'homme.*

Ainsi donc, au lieu de mettre *de le* devant un substantif masculin singulier qui commence par une consonne, on met *du.* Ainsi, dites *La maison* DU *père,* et non pas *La maison* DE LE *père.*

Au lieu de *à le,* on met *au.* Ainsi, dites *Je vais* AU *marché,* et non pas *Je vais* A LE *marché.*

Devant un substantif pluriel, *de les* se change en *des :* *Les devoirs* DES *élèves,* pour DE LES *élèves;* — *à les* se change en *aux :* *Il fait du bien* AUX *pauvres,* pour A LES *pauvres* (1).

CHAPITRE III.

TROISIÈME ESPÈCE DE MOTS.

DE L'ADJECTIF.

1. — L'ADJECTIF est un mot que l'on ajoute au substantif pour en déterminer la signification, comme *mon* père, *ma* mère; ou pour en marquer la qualité, comme *beau* livre, *belle* image; ou bien enfin, pour en indiquer la forme, la couleur, etc., comme table *ronde,* habit *noir.* Ces mots *mon, ma, beau, belle, ronde, noir,* sont des ADJECTIFS.

On connaît qu'un mot est adjectif quand on peut y joindre le mot *personne* ou *chose :* ainsi, *ce, cette, mon, me, aucun, aucune, habile, agréable,* sont des adjectifs,

---

(1) L'article ainsi combiné avec les prépositions *à* et *de* s'appelle *article* CONTRACTÉ.

(Dictez la phrase : l'élève fera la CONTRACTION.)

4. — Les soldats volent *à le* combat. — La vie *de les* hommes est courte. — Le devoir *de les* riches est de secourir les pauvres. — Le devoir *de les* soldats est d'obéir *à les* chefs. — On lit au-dessus de la porte *de le* Panthéon : « *A les* grands hommes la patrie reconnaissante. » — Les soldats doivent être endurcis *à les* travaux et indifférents *à les* dangers. — La peau *de le* cheval sert à faire *de les* souliers. — La fatigue *de le* chemin. — J'ai pitié *de les* maux *de les* pauvres. — La guérison *de le* malade. — La fin *de le* devoir *de les* écoliers. — Le foin *de le* pré. — La ferme *de le* laboureur. — Les harnais *de les* chevaux. — La chaleur *de le* soleil. — Je donnerai *de les* prix *à les* élèves qui auront mérité *de les* récompenses. — Je suis l'ami *de les* ouvriers. — Je conseille *à les* soldats d'acquérir *de les* connaissances. — Je travaille *à les* progrès de l'enseignement. — Je suis partisan *de les* chemins de fer et *de les* bateaux à vapeur.

CHAPITRE III.

TROISIÈME ESPÈCE DE MOTS.

(Faites souligner les ADJECTIFS.)

1. — On est plus *heureux* de donner que de recevoir.

La monarchie *française* a été fondée l'an 420.

La loi *chrétienne* est une loi *juste, raisonnable,* une loi *con-forme* à la règle *universelle.*

Le sens *commun* n'est pas chose *commune.*

Une femme peut doubler *sa* dot par *ses* talents et *ses* vertus

Les droits *sacrés* de l'amitié sont *inviolables.*

Tous les états sont *honorables* s'ils sont *utiles.*

Les *dures* fatigues d'une *longue* campagne donnent une santé *robuste.*

Les biens sont *incertains,* les maux sont *véritables.*

La modestie est la compagne *habituelle* du *vrai* mérite.

Un hiver *rigoureux* annonce un été *chaud* et *favorable.*

parcequ'on peut dire CETTE *personne*, AUCUNE *chose ; personne* HABILE , *chose* AGRÉABLE.

Les adjectifs ont les deux genres, *masculin* et *féminin*. Cette différence de genre se marque ordinairement par la dernière lettre.

Formation du féminin *dans les* adjectifs.

2. — RÈGLE. Quand un adjectif ne finit point par *e*, on y ajoute un *e* pour former le féminin : *prudent, prudent*e*; saint, saint*e*; méchant, méchant*e*; petit, petit*e*; grand, grand*e*; poli, poli*e*; vrai, vrai*e.*

3. — 1ʳᵉ *exception* (1). Les adjectifs suivants, *cruel, pareil, fol, mol, ancien, bon, gras, gros, nul, net, sot, épais*, etc., forment leur féminin en doublant la dernière articulation avant *e* : *cruel*le, *pareil*le, *fol*le, *mol*le, *ancien*ne, *bon*ne, *gras*se, *gros*se, *nul*le, *net*te, *sot*te, *épaiss*e (2).

Beau et *nouveau* font au féminin *belle, nouvelle,* parcequ'au masculin on dit aussi *bel, nouvel*, devant un son ou un *h* muet : *bel oiseau, bel homme, nouvel appartement* (3).

2ᵉ *exception.* — *Blanc, franc, sec, frais*, font au féminin *blanche, franche, sèche, fraîche.* (Le *c* est changé en *ch*.)

Public, caduc, font au féminin *publique, caduque.* (Le *c* est changé en *qu*.)

3ᵉ *exception.* — Les adjectifs *bref, naïf* font au féminin *brè*ve, *naï*ve, c'est-à-dire que l'on change *f* en *v*.

L'adjectif *long* fait *long*ue au féminin.

---

(1) Toutes ces exceptions ne consistent que dans le redoublement ou dans le changement de l'articulation finale du masculin.

(2) Il faut se garder d'en conclure que tous les adjectifs en *et* et en *ot* font *ette, otte* au féminin. Dans presque tous ces adjectifs, on s'abstient de redoubler la dernière articulation, et l'on écrit avec un seul *t* : *Dévote, idiote, secrète, complète,* etc. On devrait écrire de même *nute, sote, cruèle,* etc. Quand donc simplifiera-t-on tout cela?...

L'Europe est moins *grande* que l'Asie.

Depuis l'invention de la poudre, les batailles sont moins *san-glantes*.

La guerre la plus *heureuse* est toujours un *grand* fléau pour les peuples.

La ville de Metz est *ancienne*, *grande* et très *forte*.

Formation du féminin *dans les* adjectifs.

(L'élève ajoutera l'adjectif au FÉMININ.*)*

2. — Un fruit *cru*. . . . . . . De la viande —
Un fruit *vert*. . . . . . . Une feuille —
Un astre *brillant*. . . . . Une clarté —
Un bruit *général*. . . . . Une rumeur —
Un homme *poli*. . . . . . Une femme —
Un fait *éclatant*. . . . . . Une action —

3. — Un jour *solennel*. . . . . Une fête —
Un pays *ancien*. . . . . . Une contrée —
Un homme *gras*. . . . . Une femme —
Un ordre *cruel*. . . . . . Une coutume —
Un vice *bas*. . . . . . . Une action —
Un traité *nul*. . . . . . . Une condition —
Un habit *pareil*. . . . . .. Une robe —
Un mur *mitoyen*. . . . . Une rivière —
Un dindon *gros, gras*. . . Une oie —
Un feuillage *épais*.. . . . Une forêt —
Un *bel* homme. . . . . . Une femme —
Un *nouvel* accident. . . . Une robe —
Un merle *franc*. . . . . . Une noisette —
Du pain *sec*. . . . . . . Une saison —
Un vent *frais*. . . . . . . Une nuit —
Un plumet *blanc*. . . . . Une robe —
Le bien *public*. . . . . . Une calamité —
Un âge *caduc*.. . . . . . Une santé —
Un accent *bref*. . . . . . Une articulation —
Un vent *vif*. . . . . Une foi —
Un enfant *naïf*. . . . . . Une réponse —
Un pantalon *neuf*. . . . . Une veste —
Un habit *long*. . . . . . Une capote —
Un usage *turc*. . . . . . Une femme —

---

(3) Autrefois, il n'y avait ni substantif ni adjectif en *eau*. Au lieu de dire *chapeau, manteau, château*, on disait *chapel, mantel, châtel*, ou plutôt *castel*, etc.; de même, au lieu de dire *beau, nouveau*, on disait *bel, nouvel*.

4ª exception.—*Malin, bénin* font *maligne, bénigne.*

5ª exception. — Les adjectifs en *eur* ont ordinairement leur féminin en *euse : trompeur, trompeuse; parleur, parleuse; chanteur, chanteuse.* — Cependant on dit *pécheresse,* et non pas *pécheuse,* — *actrice,* et non pas *acteuse,* — *protectrice,* et non pas *protecteuse* (1).

6ª exception. — Pour les adjectifs terminés par *x,* on change *x* en *se* pour former le féminin : *dangereux, dangereuse; honteux, honteuse; jaloux, jalouse,* etc. Cependant le féminin de *doux* est *douce*; le féminin de *roux* est *rousse.*

Formation du pluriel *dans les* adjectifs.

4. —On forme le pluriel dans les adjectifs comme dans les substantifs, c'est-à-dire en ajoutant *s* à la fin : *bon, bonne,* au pluriel, *bons, bonnes,* etc. (2).

5. — Mais la plupart des adjectifs qui finissent par *al* s'emploient rarement au pluriel masculin. Quelques uns ont le pluriel en *aux.* Ainsi on dira : *un conte moral, des contes moraux; un ouvrier brutal, des ouvriers brutaux.* Les autres adjectifs, tels que *filial, fatal, frugal, naval, pascal,* prènent un *s* au pluriel.

Accord des adjectifs *avec les* substantifs.

6. — Règle. Tout adjectif doit être mis au même genre et au même nombre que le substantif qu'il détermine, qu'il qualifie, ou dont il indique la manière d'être.

Le bon *père, la* bonne *mère.*

Bon est ici au masculin et au singulier, parceque *père*

---

(1) Remarquez d'ailleurs que, le plus souvent, *chanteuse, pécheresse, actrice* et *protectrice* sont de véritables substantifs, aussi bien que *chanteur, pécheur, acteur* et *protecteur.*

(2) Pour les exceptions, on suit aussi les mêmes règles que pour les substantifs.

Un regard *malin*.	Une figure —
Un air *bénin*.	Une fièvre —
Un chat *trompeur*. . . .	Une mine —
Un enfant *menteur*. . . .	Une fille —
Un élève *parleur*.	Une femme —
Paul, *pécheur*.	Madeleine —
Adolphe, *acteur*.	Eugénie —
Un air *protecteur*.	La main —
Un livre *dangereux*. . . .	Une parole —
Un pauvre *honteux*. . . .	Une action —
Un sort *heureux*.	Une vie —
Du vin *mousseux*.	De la bière —
Un homme *jaloux*.. . . .	Une femme —
Du cidre *doux*.	Une orange —
Un cheveu *roux*.	La lune —

4 —

Une coutume *ancienne*. .	Des coutumes —
Une personne *discrète*. .	Des personnes —
Un vent *favorable*. . . .	Des vents —
Un loup *féroce*.	Des loups —

5 —

Un conte *moral*..	Des contes —
Ceci m'est *égal*..	Les hommes sont —
Un chemin *inégal*.. . . .	Des chemins —
Un acteur *original*. . . .	Des acteurs —
Un combat *naval*.	Des combats —
Un événement *fatal*.. . .	Des événements —
Un cierge *pascal*.	Des cierges —
Un couplet *final*.	Des couplets —
Un repas *frugal*..	Des repas —
Un langage *trivial*. . . .	Des discours —

(*Faites remarquer l'*ACCORD DES ADJECTIFS *dans les phrases
suivantes.*)

6. — L'armée *français*e est *aguerri*e et *discipliné*e.

Les *belle*s paroles et les *grande*s promesses ne font impression
que sur l'esprit des fous.

Il y a des hommes qu'il ne faut jamais voir *petit*s.

Les prunes *savoureu*ses, les pêches *parfumé*es, les poires *fon-
dant*es, les pommes *sucré*es, les figues *frai*ches, embellissent les
tables *somptueu*ses.

Les arbres les plus *haut*s sont les plus *exposé*s aux coups de la
tempête *furieuse*.

Ce ne sont ni les *grand*es places ni les *grand*es dignités qui
font les *grand*s hommes : c'est le *grand* mérite.

est du masculin et au singulier ; *bonne* est au féminin et au singulier, parceque *mère* est du féminin et au singulier.

De beaux *jardins, de* belles *fleurs.*

Beaux est au masculin et au pluriel, parceque *jardins* est du masculin et au pluriel ; *belles* est au féminin et au pluriel, parceque *fleurs* est au féminin et au pluriel.

7.—*Remarque.* Quand un adjectif se rapporte à deux substantifs qui sont au singulier, on met cet adjectif au pluriel, parceque deux singuliers valent un pluriel (1).

Le roi et le berger sont égaux *après la mort* (et non pas *égal*).

8. — Si les deux substantifs ne sont pas du même genre, l'adjectif reste au masculin.

Mon père et ma mère sont contents (et non pas *contentes*) (2).

9. — Quant à la place des adjectifs, il y en a qui se mettent devant le substantif, comme *beau* jardin, *grand* arbre, etc. ; d'autres se mettent après le substantif, comme habit *rouge*, table *ronde*, etc. L'usage est le seul guide à cet égard (3).

---

(1) Des grammairiens prétendent qu'un adjectif au pluriel ne peut ni qualifier ni déterminer deux substantifs au singulier. Ils analysent ainsi la phrase citée pour exemple : LE ROI *est égal* au berger ; LE BERGER *est égal* au roi : *ces deux êtres* SONT ÉGAUX. De sorte que cette phrase *un et un font deux* devrait s'analyser ainsi : UN (*fait un*) ET UN (*fait un, ces deux unités*) FONT DEUX (*unités*). Quel courage il faut avoir pour imposer une telle analyse à de pauvres enfants !

(2) Il est d'usage de mettre le substantif masculin le dernier. Ainsi, il est plus régulier de dire : *Ma mère et mon père sont* contents.

(3) Faites remarquer la différence qu'il y a entre *un musicien* PAUVRE et *un* PAUVRE *musicien;* entre *un* BRAVE *homme et un homme* BRAVE, etc.

La voix *publi*que accuse les soldats *coupable*s qui ont passé à l'ennemi.

Il faut que les armes soient *propre*s, bien *nétoyé*es, *brillant*es.

Les combats à l'arme *blan*che sont les plus *meurtrier*s.

La probité est la plus estimable des vertus *social*es.

Une parole mal *interprété*e allume *tou*s les jours des haines *irréconciliable*s.

Mes amis, soyez *sobre*s et *tempérant*s.

7. — Mon sabre et mon fusil sont tout *neuf*s.

Le Rhône et la Garonne sont très *rapide*s.

La patience et la fermeté du soldat doivent être *inébranlable*s.

La force et la prudence sont *nécessaire*s à un général.

La gloire et la prospérité des méchants sont *courte*s.

Le travail et le courage *joint*s ensemble et longtemps *soutenus* font surmonter tous les obstacles.

8. — L'Espagne et le Portugal sont *voisins*.

Les Alpes et le Jura sont *élevés*.

La rose et l'œillet sont *odoriférants*.

Cette tour et ce château sont fort *anciens*.

L'artillerie et le génie sont *partis*.

(Faites remarquer la différence de signification du même adjectif selon la place qu'il occupe.)

9. — Un *grand* homme a beaucoup de mérite.

Un homme *grand* a une grande taille.

Une *riche* taille est une taille élevée.

Une personne *riche* a de la fortune.

Un *bon* homme est peu avisé.

Un homme *bon* est obligeant.

Une voix *commune* n'a rien d'extraordinaire.

D'une *commune* voix, du consentement de tout le monde.

Un *brave* homme est estimable.

Un homme *brave* a du courage.

Un *honnête* homme a de la probité.

Un homme *honnête* connaît la politesse.

Un *pauvre* auteur a peu de talent.

Un auteur *pauvre* n'est pas riche.

Un *galant* homme est aimable.

Un homme *galant* est assidu auprès des femmes.

Une *grosse* femme a de l'embonpoint.

Une femme *grosse* est enceinte.

ADJECTIFS DE NOMBRE.

10. — Les *adjectifs de nombre* sont ceux dont on se sert pour compter.

Il y en a de deux sortes : les adjectifs de nombre *cardinaux* et les adjectifs de nombre *ordinaux* (1).

Les adjectifs de nombre *cardinaux* sont : *un, deux, trois, quatre, cinq, six, sept, huit, neuf, dix, onze, douze, treize, quatorze, quinze, seize, dix-sept, dix-huit, dix-neuf, vingt; trente, quarante, cinquante, soixante, soixante-dix, quatre-vingts* (2), *cent, mille*, etc.

Les adjectifs de nombre *ordinaux* se forment des *cardinaux* : ces adjectifs sont *un*ième, *deux*ième, *troi*sième, *quatr*ième, *cinqu*ième, *six*ième, *sept*ième, *hui*tième, *neuv*ième, *dix*ième (3).

11. — Il y a aussi des substantifs de nombre qui servent à marquer une certaine quantité, comme une *dizaine*, une *douzaine*, etc.

Il y en a encore d'autres qui marquent les parties d'un tout, comme la *moitié*, le *tiers*, le *quart*, etc.

Enfin, il y en a qui servent à répéter un nombre plusieurs fois, comme le *double*, le *triple*, etc.

---

(1) On devrait se borner à dire : Il y a deux sortes d'adjectifs dont on se sert pour compter : les *adjectifs* CARDINAUX indiquent simplement le nombre : *un, deux*, etc. ; les *adjectifs* ORDINAUX marquent l'ordre, le rang : *unième, deuxième*, etc.

(2) La finale *ante* signifiant *dixaine*, il serait bien plus régulier de dire un*ante*, deux*ante*, trois*ante*, quatr*ante*, cinq*ante*, six*ante*, sept*ante*, huit*ante* et neuv*ante*. M. *Lepage* a presque entièrement adopté cette nomenclature dans ses *tableaux d'arithmétique*; mais la routine est là!...

(Faites souligner les adjectifs NUMÉRAUX, *et demandez ce qu'ils indiquent.)*

10. — Il y a *deux* choses qu'on ne saurait regarder en face : le soleil et la mort (4).

Le *premier* degré du pardon est de ne plus parler de l'injure qu'on a reçue (5).

Sur *dix* récoltes, on en compte *deux* bonnes, *trois* mauvaises et *cinq* médiocres.

Au *huitième* siècle, il y avait *trois* carêmes et quelquefois *quatre*.

L'intérêt, la vérité, la mode et la santé sont nos *quatre* guides principaux.

Il y a en Chine une tour de porcelaine haute de *deux cent quatre-vingts* pieds.

Elle a un escalier de *quatre cents* marches.

Pharamond fut le *premier* roi de France, et Charles X le *soixante-dixième*.

Napoléon fut le *premier* consul : Lebrun et Cambacérès furent les *deux* autres.

11. — Il y a cinq *dizaines* dans cinquante ; il y a cinq *douzaines* dans soixante.

Il faut vingt-cinq œufs pour faire un *quarteron*.

On appelait aussi *quarteron* le quart d'une livre.

Le *quart* est la quatrième partie d'une chose ; le *tiers* en est la troisième partie.

Il faut donc quatre *quarts* ou trois *tiers* pour faire un tout.

On appèle *double* une chose répétée deux fois.

On appèle *triple* une chose répétée trois fois, et *quadruple* une chose répétée quatre fois.

---

(3) On voit facilement que les adjectifs ordinaux se forment des cardinaux au moyen de la finale IÈME : *un*, un *ième*; *deux*, deux *ième*, etc. Faites remarquer que, au lieu de *unième*, on dit le plus souvent *premier*; et que, au lieu de *deuxième*, on dit *second*, quand on ne parle que de deux.

(4) L'élève dira que *deux* est un adjectif *cardinal*, parcequ'il indique simplement le *nombre*.

(5) L'élève dira que *premier* est un adjectif *ordinal*, parcequ'il indique l'ordre et le rang de chaque chose.

CHAPITRE IV.

QUATRIÈME ESPÈCE DE MOTS.

DU PRONOM *ou* PROSUBSTANTIF.

1 — Le PRONOM est un mot qu'on met à la place du substantif pour en rappeler l'idée et pour en éviter la répétition.

Pronoms Personnels (1).

2. — Les pronoms *personnels* sont ceux qui désignent les personnes.

Il y a *trois* personnes : la première est celle *qui* parle; la seconde est celle *à qui* l'on parle ; la troisième est celle *de qui* l'on parle.

Pronom de la première *personne.*

3. — Ce pronom est des deux genres : *masculin*, si c'est un homme qui parle; *féminin*, si c'est une femme.

SINGULIER. — Je *ou* moi.

On dit *me* pour *moi.* . . . .{ *Le maître* me *regarde*, c'est-à-dire *regarde* moi.

On dit *me* pour *à moi.* . .{ *Le maître* me *donnera un livre*, c'est-à-dire *donnera* à moi.

PLURIEL. — Nous.

Pronom de la deuxième *personne.*

4. — Ce pronom est des deux genres : *masculin*, si c'est à un homme qu'on parle; *féminin*, si c'est à une femme.

SINGULIER. — Tu *ou* toi.

On dit *te* pour *toi.* . . . .{ *Le maître* te *regarde*, c'est-à-dire *regarde* toi.

On dit *te* pour *à toi.* . . .{ *Le maître* te *donnera un livre*, c'est-à-dire *donnera* à toi.

PLURIEL. — Vous.

---

(1) *Je, moi, me, nous,* — *tu, toi, te, vous ,* sont des *substantifs* personnels, et non pas des pronoms.

CHAPITRE IV.

QUATRIÈME ESPÈCE DE MOTS.

(Faites souligner les PRONOMS.*)*

1. — Les hommes qui éprouvent le besoin de recourir à Dieu ne trouvent jamais entre *lui* et *eux* de barrières insurmontables.

(Faites souligner et numéroter les PERSONNES.*)*

2. — Camarades, admirez Napoléon : *je* [1] *vous* [2] raconterai toutes les batailles qu'*il* [3] a gagnées.
Soldats ! s'écriait-*il* [3] en Égypte, du haut de ces pyramides quarante siècles *nous* [1] contemplent.
César, voyant Brutus au nombre de ses assassins, s'écria : « Et *toi* [2] aussi, mon fils, *tu* [2] oses *me* [1] frapper ! »

(Faites souligner et analyser les pronoms PERSONNELS.*)*

3. — Les grandes prospérités *nous* aveuglent, *nous* transportent, *nous* égarent.
Le chrétien dit : « *Je* pardonne de bon cœur à mes ennemis. »
Mon fils, *je me* flatte que *je* serai toujours content de ta conduite (*me* pour *moi*).
Je me dis souvent que *je* serais heureux si *je* savais borner mes desirs (*me* pour *à moi*.)
Je voudrais bien savoir l'anglais : cette langue *me* serait fort utile (*me* pour *à moi*).
Les merveilles de la nature *nous* frappent d'admiration.

4. — Ma fille, *je te* recommande d'être studieuse, douce et obéissante (*te* pour *à toi*).
Fais aux autres ce que *tu* voudrais qu'ils fissent pour *toi*.
Évite ce qui peut *te* nuire et *te* rendre désagréable aux yeux des autres (nuire *à toi*, rendre *toi*).
Messieurs, *vous* êtes riches : *vous* n'aurez pas de peine à *vous* faire des amis (faire *à vous*).
Je voudrais bien, mesdames, *vous* démontrer combien il importe que *vous* nourrissiez et que *vous* éleviez vos enfants (démontrer *à vous*).

Remarque. — Par politesse, on dit *vous* au lieu de *tu* au singulier. Par exemple, en parlant à une dame, on dit: *Vous* êtes aussi bonne que belle (1).

5. — *Pronoms de la* troisième *personne.*

SINGULIER.

Masculin.	*Féminin.*
Il — (*Il* lit.)	Elle — { *Elle* écrit. / C'est *elle.* }
Lui — (C'est *lui.*)	
Le — (Je *le* vois.)	La — (Je *la* vois.)

Des deux genres.

On dit *lui* pour *à lui, à elle.* { Je *lui* parle, c'est-à-dire, je parle à *lui, à elle.*

PLURIEL.

Masculin.	*Féminin.*
Ils — (*Ils* lisent.)	Elles — { *Elles* écrivent. / Écrivent-*elles?* }
Eux — (Ils sont chez *eux.*)	

Des deux genres.

On dit *les* pour *eux, elles.* . { Je *les* respecte, c'est-à-dire, je respecte *eux, elles.*

On dit *leur* p. *à eux, à elles.* { Je *leur* dois le respect, c'est-à-dire, je dois *à eux, à elles.*

6. — Il y a un autre pronom de la troisième personne, *se, soi* : il est des deux genres (2). On l'appèle *pronom réfléchi,* parcequ'il marque le rapport d'une personne à elle-même.

On dit *se* pour *soi :*   — On *se* corrige, c.-à-d. on corrige *soi.*
On dit *se* pour *à soi :*   — On *se* nuit,   c.-à-d. on nuit *à soi.*

7. — Il y a encore deux pronoms de la troisième personne : ils servent pour les deux genres et pour les deux nombres. Ces pronoms sont :
1º EN, qui signifie *de lui, d'elle, d'eux, d'elles* : ainsi,

---

(1) Les adjectifs restent au singulier, car le substantif est au singulier.
(2) Le pronom *soi* ne s'emploie qu'au singulier, car il ne peut remplacer qu'un substantif indéterminé, comme *on, chacun.*

(Faites souligner et analyser les PRONOMS PERSONNELS. *)*

Ma fille, *vous* n'êtes jamais contente. Pourquoi êtes-*vous* ainsi boudeuse et nonchalante? Si *vous* êtes plus docile, je *vous* donnerai un métier à broder.

5. — Le cheval marche; *il* trotte, *il* galope.

Cet homme veut être grand : *il* croit l'être; *il* ne l'est pas.

La France a 220 lieues de largeur; *elle* en a 240 de longueur.

Connaissez-*vous* Franklin? — C'est *lui* qui a inventé les paratonnerres.

Aimez l'étude : c'est *elle* qui donne les véritables richesses. *Je lui* dois tout ce que *je* possède. (*Lui* pour *à elle.*)

Parmentier a rendu un grand service à la France : c'est à *lui* que nous devons la culture de la pomme de terre.

Voyez la faiblesse des hommes : *ils* tournent au moindre vent, *ils* tombent au moindre choc.

Les Alpes sont de hautes montagnes : *elles* séparent la France de l'Italie.

Les éléphants sont très méfiants : on *les* prend par ruse.

Quand je rencontre des vieillards, je *les* salue toujours.

Je *vous* lirai l'histoire des Normands. Ce sont *eux* qui firent la conquête de l'Angleterre.

Tâchons d'imiter les grands hommes : la reconnaissance des nations *leur* érige des statues.

6. — Être trop mécontent de *soi* est une faiblesse; être trop content de *soi* est une sottise.

En parlant trop avantageusement de *soi,* on est sûr de *se* faire tort dans l'esprit des autres. (Faire tort *à soi.*)

Tromper les autres, c'est s'exposer à être trompé *soi*-même.

N'aimer que *soi,* c'est être mauvais citoyen.

Il faut s'avoir s'imposer des privations. (Imposer à *soi.*)

7. — Ce cheval est fougueux : ne vous *en* approchez pas.

L'enfant qui travaille, on *en* est content.

L'élève qui est paresseux, on s'*en* plaint toujours.

L'homme vertueux est estimé partout : les méchants même *en* parlent avec respect.

> La fortune a son prix : l'imprudent *en* abuse,
> L'hypocrite *en* médit, et l'honnête homme *en* use.

Le pauvre est d'autant plus à plaindre, que le riche *en* exige un travail pénible et cependant très mal payé quand on dit *j'*EN *parle*, on peut entendre *je parle* DE LUI, D'ELLE, etc., selon la personne ou les personnes, selon la chose ou les choses dont le nom a été exprimé auparavant.

2° Y, qui signifie *à cela, à cette chose, à ces choses*, comme quand on dit : *Je m'*Y *applique*, c'est-à-dire, *Je m'applique* A CELA (à cette chose, à ces choses).

Règle des Pronoms.

8. — Les pronoms *il, elle, ils, elles*, doivent toujours être au même genre et au même nombre que le substantif dont ils tiènent la place. Ainsi, en parlant de la tête, on dit ELLE *me fait mal* : ELLE, parceque ce pronom remplace *tête*, qui est du féminin et au singulier ; en parlant de plusieurs jardins, on dit ILS *sont beaux* : ILS, parceque ce pronom remplace *jardins*, qui est du masculin et au pluriel.

AUTRES SORTES DE PRONOMS.

Pronoms Possessifs.

9. — Il y a des pronoms qui marquent la possession d'une chose : c'est pour cela qu'on les appèle *pronoms* POSSESSIFS.

SINGULIER.		PLURIEL.	
Masculin.	*Féminin.*	*Masculin.*	*Féminin.*
Le Mien.	La Mienne.	Les Miens.	Les Miennes.
Le Tien.	La Tienne.	Les Tiens.	Les Tiennes.
Le Sien.	La Sienne.	Les Siens.	Les Siennes.
Le Nôtre.	La Nôtre.	*Des deux genres.*	
Le Vôtre.	La Vôtre.	Les Nôtres. — Les Vôtres.	
Le Leur.	La Leur.	Les Leurs.	

Pronoms Démonstratifs.

10. — Il y a des pronoms qui servent à montrer la chose dont on parle : c'est pour cela qu'on les appèle *pronoms* DÉMONSTRATIFS, c'est-à-dire, *indicateurs*.

Quelques uns des peuples de l'antiquité déposaient leurs rois dèsqu'ils n'*en* étaient plus satisfaits.

Ce cheval est méchant : n'*en* approchez pas.

Voyez les grands hommes : on *en* parle toujours avec admiration et respect.

L'homme qui a su vaincre ses passions et *y* mettre un frein a remporté la plus belle des victoires.

Cette affaire m'intéresse : j'*y* donnerai tous mes soins.

Je m'occupe d'une découverte importante : j'*y* attache le plus grand prix.

J'ai connu le malheur et j'*y* sais compâtir.

8. — Une grande idée, dèsqu'*elle* a été lancée dans le monde, n'appartient plus aux hommes : *elle* est plus forte qu'*eux*.

La Grèce a jadis enseigné les nations : pourquoi *celles-ci* ont-*elles* oublié leur mère aux jours de l'esclavage? pourquoi ne se sont-*elles* pas rappelé ce qu'*elles* étaient et ce qu'*elles* sont?

Pour trouver le bien, il faut *le* chercher.

Les faux amis sont comme l'ombre d'un cadran solaire : *ils* accourent, si la fortune vous sourit; *ils* disparaissent, si *elle* vous suit.

Un proverbe italien dit, en parlant du joueur : *Il* est venu pour avoir de la laine, *il* s'en est retourné tondu.

Il est défendu aux Juifs de travailler le jour du sabbat : *ils* n'allument point de feu ; *ils* ne portent point d'eau; *ils* sont comme enchaînés dans leur repos.

(*Faites souligner et analyser les* PRONOMS POSSESSIFS.)

9. — Chaque nation a une mission sur la terre. Aucune d'elles n'a accompli plus dignement *la sienne* que la Grèce : c'est elle qui, la première, a dit à l'homme : « Connais-toi toi-même. »

Chacun veut que le bonheur d'autrui ne trouble pas *le sien*.

L'imagination d'autrui nous dupe aussi souvent que *la nôtre*.

Trop souvent on croit voir l'opinion publique dans *la sienne*.

Autrefois, le chef de chaque famille gouvernait *la sienne* avec un pouvoir absolu.

Quel malheur est le *nôtre!*

La marine anglaise est plus nombreuse que *la nôtre*. Les Américains sont fiers de *la leur*.

Ne jetons pas la pierre aux gens. — Excusons leurs défauts : n'avons-nous pas *les nôtres?*

(*Faites souligner et analyser les* PRONOMS DÉMONSTRATIFS.)

10. — *Celui* qui se croit habile se trompe souvent.

On fabrique maintenant des fusils à piston : *ceux* que l'on fabriquait autrefois offraient moins d'avantages.

Les cornes sont la défense des taureaux; l'aiguillon, *celle* de l'abeille; la raison, *celle* de l'homme.

SINGULIER.		PLURIEL.	
Masculin.	*Féminin.*	*Masculin.*	*Féminin.*
Celui. . . .	Celle.	Ceux. . . .	Celles.
Celui-ci. . .	Celle-ci.	Ceux-ci. . .	Celles-ci.
Celui-là. . .	Celle-là.	Ceux-là. . .	Celles-là.

Pronoms RELATIFS.

11. — Il y a des pronoms qui ont un rapport, une *relation* intime avec un nom qui est devant. C'est pour cela qu'on les appèle *pronoms* RELATIFS.

Quand je dis *Dieu* QUI *a créé le monde*, QUI se rapporte à *Dieu; le livre* QUE *je lis*, QUE se rapporte à *livre*.

Des deux GENRES *et pour les deux* NOMBRES.

QUI :	Un rosier *qui* fleurit. Une rose *qui* s'effeuille. Des fruits *qui* tombent.
QUE :	Un fleuve *que* l'on traverse. Une maison *que* l'on construit. Des pauvres *que* l'on secourt.
DONT ou DE QUI.	L'élève *dont* je me plains. La viande *dont* je me nourris. Les élèves *de qui* je suis content.

12. — Le mot auquel *qui* ou *que* se rapporte s'appèle *antécédent*. Dans les deux exemples ci-dessus, *Dieu* est l'antécédent du pronom relatif QUI; *livre* est l'antécédent du pronom relatif QUE.

13. — Les pronoms relatifs *qui, que,* s'accordent avec leur antécédent en *genre,* en *nombre* et en *personne.* Ainsi, dans cet exemple, *l'enfant* QUI *joue,* QUI est au singulier et à la troisième personne, parceque *l'enfant* est au singulier et à la troisième personne. Il est au *masculin,* si c'est un petit garçon qui joue ; il est au *féminin,* si c'est une petite fille (1).

-----

(1) Il y a un autre pronom relatif : *lequel* pour le masculin,

Celui qui fait une injure à quelqu'un est plus à plaindre que *celui* qui la souffre.

Les hommes qui ont le plus vécu ne sont pas *ceux* qui ont compté le plus d'années, mais *ceux* qui ont le mieux employé *celles* qui leur ont été départies.

(*Faites souligner les* PRONOMS RELATIFS.)

11. — L'homme *qui* joue perd son temps.

Le soleil est l'astre *que* nous admirons le plus.

Vous ne connaissez pas l'ennui *qui* dévore les grands.

La comète *que* nous voyons en ce moment tourne sur elle-même comme les autres planètes.

Le gaz *qui* nous éclaire s'extrait de la houille, de l'huile et de la résine.

Il y a des rosiers *qui* fleurissent quatre fois par an.

Le livre *qui* plaît le plus n'est pas toujours le plus utile.

C'est l'industrie et le commerce *qui* font la richesse d'un pays.

Les peuples sont nombreux comme les grains de mil *que* l'on jète aux oiseaux.

L'envie est un hommage *que* l'infériorité rend au mérite.

La conscience est un juge incorruptible *qui* ne s'apaise jamais; un miroir *qui* nous montre nos fautes; un bourreau *qui* nous déchire le cœur.

Il n'est point de malheur *dont* quelqu'un ne profite.

Le mensonge est un vice *dont* on ne saurait avoir trop d'horreur.

(*Faites souligner l'*ANTÉCÉDENT.)

12. — J'ai été voir une *machine* qui coud un habit en dix minutes.

L'homme qui se corrige de ses défauts remporte une belle victoire.

Lyon est une *ville* dont les fabriques font la principale richesse.

(*Faites souligner et analyser les* PRONOMS RELATIFS.)

13. — La France est fière des grands hommes *qui* l'ont illustrée.

On appèle cétacés les poissons *qui* sont de la famille des baleines.

Le marbre, *que* nous voyons si poli, est tout-à-fait brut quand il sort de la carrière.

La pluie *qui* tombe fertilise les terres.

Un guet-apens est une embûche *que* l'on dresse à quelqu'un pour lui faire violence.

---

laquelle pour le féminin. Exemple : *Le cabinet dans* LEQUEL *il a été renfermé.* — *La chambre dans* LAQUELLE *je suis entré.*

Pronoms INTERROGATIFS.

14. — Les pronoms *qui*, *que*, *quel*, *quelle*, *lequel*, *laquelle*, sont quelquefois interrogatifs, comme quand on dit : QUI *a fait cela?* QUE *vous dirai-je?*

Qui ou *que* est interrogatif quand il n'a point d'antécédent, et qu'on peut le tourner par *quelle personne?* ou *quelle chose?* Dans les deux exemples ci-dessus, on peut dire : *Quelle personne* a fait cela? *quelle chose* vous dirai-je?

Pronoms INDÉFINIS.

15. On appèle pronoms *indéfinis* ceux qui désignent les personnes et les choses d'une manière *vague et indéfinie*, comme : *on*, *quelqu'un*, *quiconque*, *chacun*, *autrui*, *personne*. — Quand je dis : ON *frappe à la porte*, QUELQU'UN *vous appèle*, je parle d'une personne, mais je ne désigne pas laquelle.

Ces mots *on*, *quelqu'un*, *quiconque*, *chacun*, *autrui*, *personne*, *rien* sont de véritables *substantifs*; car aucun d'eux ne tient la place d'un substantif déjà exprimé.

CHAPITRE V:

CINQUIÈME ESPÈCE DE MOTS.

DU VERBE.

1. — Le VERBE est un mot dont on se sert pour exprimer que l'on *est* ou que l'on *fait* quelque chose (1). Ainsi, le mot *être* est un verbe ; le mot *lire* est un verbe.

---

(1) En d'autres termes : Le verbe est un mot qui exprime *l'affirmation*. Quand on dit : « L'air *n'est pas* visible », on AFFIRME que *l'air n'est pas visible*.

(*Faites souligner et analyser les* PRONOMS INTERROGATIFS.)

14. — Par *qui* l'imprimerie fut-elle inventée? — Par Gutenberg, de Maïence.

Que pouvait la valeur contre la trahison?

Quel a été le plus grand capitaine de notre siècle? — Napoléon.

Qui entreprit le premier voyage autour du monde? — Magellan.

Qui fut le successeur de Henri IV? — Louis XIII, son fils.

Par *qui* fut gagnée la bataille de Rocroi, en 1643? — Par le grand Condé.

Contre *qui* nous battions-nous à Marengo? — Contre les Autri-chiens.

(*Faites souligner les* PRONOMS INDÉFINIS, *et demandez pourquoi on les appèle* indéfinis.)

15. — *On* n'est jamais aussi aisément trompé que lorsqu'*on* songe à tromper les autres.

Chacun dit du bien de son cœur, et *personne* n'ose en dire de son esprit.

On est content de soi, quand *on* a fait une bonne action.

On fabrique la chandelle avec la graisse des animaux.

Quiconque se livre à l'étude avec opiniâtreté réussira certainement.

Porter envie à *quelqu'un*, c'est s'avouer son inférieur.

CHAPITRE V.

CINQUIÈME ESPÈCE DE MOTS.

(*Faites souligner les* VERBES.)

1 — Le puits où l'on *tire* souvent de l'eau *est* rarement à sec.

Fanez le foin lorsque le soleil *brille*.

La fortune *est* aveugle et *rend* aveugle.

L'imprimerie *a changé* l'état moral de la société; les machines à vapeur *changent* tout ce qui *tient* à la vie matérielle.

Enfants, quand vous *rougissez*, c'est Dieu qui vous *avertit*.

On *divise* le monde en cinq parties.

Le chevalier Bayard *défendit* la ville de Mézières.

La petite ville d'Aubenton *tire* son nom de l'Aube qui *se jète* dans le Ton.

2. — On connaît un verbe en français quand on peut y ajouter un des pronoms *je*, *tu*, *il*, *nous*, *vous*, *ils*, avec un changement de terminaison, comme je *lis*, tu *lis*, il *lit*; nous *lis*ons, vous *lis*ez, ils *lis*ent.

Les verbes devant lesquels on peut mettre *je*, *nous*, sont à la première personne : JE *lis*, NOUS *lisons*.

Les verbes devant lesquels on peut mettre *tu*, *vous*, sont à la deuxième personne : TU *lis*, VOUS *lisez*.

Les verbes devant lesquels on peut mettre *il*, *elle*, *ils*, *elles*, ou un *substantif*, sont à la troisième personne : IL *lit*, ELLE *lit*; ILS *lisent*, ELLES *lisent*; L'ENFANT *lit*, LES ENFANTS *lisent*.

3. — Il y a dans les verbes deux *nombres* : le *singulier*, quand il ne s'agit que d'une seule personne, comme *je lis*, *l'enfant dort*; le *pluriel*, quand il s'agit de plusieurs personnes, comme *nous lisons*, *les enfants dorment*.

4. — Il y a trois *temps* : le *passé*, qui marque que la chose a été faite, comme *j'ai lu*; le *présent*, qui marque que la chose se fait actuellement, comme *je lis*; le *futur*, qui marque que la chose se fera, comme *je lirai*.

5. — Il y a cinq *modes* ou manières de présenter l'affirmation exprimée par le verbe.

1° L'*indicatif*, quand on affirme simplement qu'une chose a été, ou qu'elle est, ou qu'elle sera.

2° Le *conditionnel*, quand on affirme qu'une chose serait ou qu'elle aurait été, moyennant une *condition*.

3° L'*impératif*, quand on desire ou que l'on commande qu'une chose se fasse.

(*Faites souligner les* VERBES, *et faites-y ajouter un des* PRONOMS
PERSONNELS.)

2. — Les hommes *font* les lois ; les femmes *font* les mœurs.
(ILS, ELLES *font.*)
Il faut bien des pelletées de terre pour *enterrer* la vérité.
(*J'enterre.*)
Les hommes *sont* égaux devant la loi. (ILS *sont.*)

(*Faites souligner les* VERBES *et indiquer les* PERSONNES.)

Nous naissons dans les pleurs, *nous vivons* dans les plaintes,
et *nous mourons* dans les regrets.
Si *tu veux* qu'une chose *soit* secrète, ne la *dis* pas. Si *tu* ne *veux*
pas qu'on la *sache,* ne la *fais* pas.
Vous croyez que la *taupe est* aveugle : *vous vous trompez.*
Un grand cœur *méprise* la mauvaise fortune.
L'oisiveté *ressemble* à la rouille : *elle use* beaucoup plus que le
travail.

(*Faites souligner les* VERBES *et indiquer les* NOMBRES.)

3. — Une once de discrétion *vaut* une once d'esprit.
Élevez vous-mêmes vos enfants : *vous saurez* combien *vous*
devez à votre père et à votre mère.
Les chevaux arabes *supportent* aisément la faim et la fatigue.
L'industrie *est* à-peu-près nulle en Espagne.

(*Faites souligner les* VERBES *et indiquer les* TEMPS.)

4. — On *assure* que Louis XVII *mourut* le 8 juin 1795, à
l'âge de dix ans.
Un petit feu qui *échauffe vaut* mieux qu'un grand feu qui
brûle.
Les chemins de fer *donneront* une grande impulsion au commerce.

(*Faites souligner les* VERBES *et indiquer les* MODES.)

5. — Le danger commun *rend* les hommes amis.
L'invention des armes à feu, au 14e siècle, *opéra* une grande
révolution dans l'art militaire.
Sans la laideur que *serait* la beauté?
Les bègues *parleraient* mieux s'ils se *pressaient* moins.
L'homme *serait* toujours heureux, s'il *savait* borner ses desirs.
Fais du bien, et ne *regarde* pas à qui.
Soyez certains que la persécution *vivifie.*

4º Le *subjonctif*, quand le verbe est sous la dépendance d'un autre verbe, comme : *Il faut que tu travailles*.

5º *L'infinitif*, quand on présente l'action ou l'affirmation d'une manière vague, sans nombre ni personne, comme *lire, être*.

(Réciter de suite les différents modes d'un verbe avec tous leurs temps, leurs nombres et leurs personnes, cela s'appèle *conjuguer*.)

6. — Il y a en français *quatre* conjugaisons différentes, que l'on distingue par la terminaison de l'infinitif (1).

La première conjugaison a l'infinitif terminé en *er*, comme *aim*er ; la seconde a l'infinitif terminé en *ir*, comme *fin*ir ; la troisième a l'infinitif terminé en *oir*, comme *pourv*oir ; la quatrième a l'infinitif terminé en *re*, comme *rend*re.

Il y a deux verbes que l'on nomme *auxiliaires*, parcequ'ils aident à conjuguer tous les autres : nous commencerons par ces deux verbes.

---

(1) Cette division est réellement arbitraire : il n'y aurait aucun inconvénient à la supprimer.

On a raison d'exiger *que* tous les Français *sachent* au moins lire et écrire.

Aimez le travail, *afinque vous puissiez* un jour vous suffire à vous-mêmes.

Placer l'esprit avant le bon sens, c'est *placer* le superflu avant le nécessaire.

Laisser les crimes impunis, c'est les *multiplier.*

J'aime mieux *mourir* que me *déshonorer.*

(*Faites indiquer le* NUMÉRO *de la conjugaison.*)

6 — *Visiter* les malades.   — *Utiliser* son temps.
   Adoucir une peine.   — *Subir* un examen.
   Savoir sa leçon.   — *Recevoir* des éloges.
   Défendre la patrie.   — *Rompre* ses fers.

   Obliger quelqu'un.   — *Honorer* la vertu.
   Remplir un devoir.   — *Chérir* sa mère.
   Vouloir le bien.   — *Revoir* son pays.
   Combattre l'ennemi.   — *Écrire* une lettre.

   Aimer le travail.   — *Remporter* un prix.
   Guérir les malades.   — *Punir* le vol.
   Voir clair.   — *Avoir* raison.
   Lire de bons livres.   — *Faire* son bonheur.

   Se *lever* matin.   — *Traverser* une rivière.
   Dormir peu.   — *Tenir* sa parole.
   Pourvoir à ses besoins.   — *Échoir* en partage.
   Rendre service.   — *Plaindre* les malheureux.

VERBE AVOIR.

INFINITIF (1).

Temps simples.	*Temps composés.*
PRÉSENT *ou* FUTUR.	PASSÉ.
Av *oir.*	Av *oir* eu

PARTICIPES.

PRÉSENT.	PASSÉ.
Ay *ant,*	Ay *ant* eu

INDICATIF.

PRÉSENT.	PASSÉ INDÉFINI.	
Aujourd'hui,	*Hier,*	
J' ai (*peur*)	J' ai	eu
Tu a *s*	Tu a *s*	eu
Il a	Il a	eu
Nous av *ons*	Nous av *ons*	eu
Vous av *ez*	Vous av *ez*	eu
Ils *ont*	Ils *ont*	eu

PASSÉ IMPARFAIT.	PASSÉ PLUSQUEPARFAIT.	
Hier,	*Hier,*	
J' av *ais* (*faim*)	J' av *ais*	eu
Tu av *ais*	Tu av *ais*	eu
Il av *ait*	Il av *ait*	eu
N. av *ions*	N. av *ions*	eu
V. av *iez*	V. av *iez*	eu
Ils av *aient.*	Ils av *aient*	eu

PASSÉ DÉFINI.	PASSÉ ANTÉRIEUR.	
Hier,	*Hier, dèsque,*	
J' eu *s* (*soif*)	J' eu *s*	eu
Tu eu *s*	Tu eu *s*	eu
Il eu *t*	Il eu *t*	eu
N. eû *mes*	N. eû *mes*	eu
V. eû *tes*	V. eû *tes*	eu
Ils eu *rent*	Ils eu *rent*	eu

FUTUR.	FUTUR ANTÉRIEUR.	
Demain,	*Demain à midi,*	
J' au *rai* (*froid*)	J' au *rai*	eu
Tu au *ras*	Tu au *ras*	eu
Il au *ra*	Il au *ra*	eu
N. au *rons*	N. au *rons*	eu
V. au *rez*	V. au *rez*	eu
Ils au *ront*	Ils au *ront*	eu

---

(1) Voyez les *exercices*, page 50.

SUITE DU VERBE AVOIR.

CONDITIONNEL.

Temps simples.   *Temps composés.*

PRÉSENT.	PASSÉ.	
Aujourd'hui, si on le voulait,	*Hier, si on l'avait voulu,*	
J' au *rais* (*du plaisir*)	J' au *rais*	eu
Tu au *rais*	Tu au *rais*	eu
Il au *rait*	Il au *rait*	eu
N. au *rions*	N. au *rions*	eu
V. au *riez*	V. au *riez*	eu
Ils au *raient.*	Ils au *raient*	eu

AUTRE PASSÉ. J'eu *sse* eu, tu eu *sses* eu, il eû *t* eu, nous
eu *ssions* eu, vous eu *ssiez* eu, ils eu *ssent* eu.

IMPÉRATIF.

PRÉSENT.	FUTUR ANTÉRIEUR.	
Aujourd'hui,	*Demain à midi,*	
Ai *e* (*du courage*)	Ai *e*	eu
Ay *ons*	Ay *ons*	eu
Ay *ez*	Ay *ez*	eu

SUBJONCTIF.

PRÉSENT *ou* FUTUR.	PASSÉ INDÉFINI.	
Il faut	*Il est possible*	
Que j' ai *e* (*un prix*)	Que j' ai *e*	eu
Que tu ai *es*	Que tu ai *es*	eu
Qu' il ai *t*	Qu' il ai *t*	eu
Que n. ay *ons*	Que n. ay *ons*	eu
Que v. ay *ez*	Que v. ay *ez*	eu
Qu' ils ai *ent*	Qu' ils ai *ent*	eu

PASSÉ IMPARFAIT.	PASSÉ PLUSQUEPARFAIT.	
Hier, il fallait	*Hier, on voulait*	
Que j' eu *sse* (*raison*)	Que j' eu *sse*	eu
Que tu eu *sses*	Que tu eu *sses*	eu
Qu' il eû *t*	Qu' il eû *t*	eu
Que n. eu *ssions*	Que n. eu *ssions*	eu
Que v. eu *ssiez*	Que v. eu *ssiez*	eu
Qu' ils eu *ssent*	Qu' ils eu *ssent*	eu

VERBE ÊTRE.

INFINITIF (1).

Temps simples.	Temps composés.
PRÉSENT *ou* FUTUR.	PASSÉ.
Êt*re*	Av*oir* été

PARTICIPES.

PRÉSENT.	PASSÉ.
Ét*ant*	Ay*ant* été

INDICATIF.

PRÉSENT.	PASSÉ INDÉFINI.	
Aujourd'hui,	*Hier,*	
Je sui*s* (*vertueux*)	J' ai	été
Tu e*s*	Tu a*s*	été
Il es*t*	Il a	été
N. som *mes*	N. av*ons*	été
V. êt*es*	V. av*ez*	été
Ils so*nt*	Ils ont	été

PASSÉ IMPARFAIT.	PASSÉ PLUSQUEPARFAIT.	
Hier,	*Hier.*	
J' ét*ais* (*joyeux*)	J' av*ais*	été
Tu ét*ais*	Tu av*ais*	été
Il ét*ait*	Il av*ait*	été
N. ét*ions*	N. av*ions*	été
V. ét*iez*	V. av*iez*	été
Ils ét*aient*	Ils av*aient*	été

PASSÉ DÉFINI.	PASSÉ ANTÉRIEUR.	
Hier,	*Hier, dèsque*	
Je fu*s* (*peureux*)	J' eu*s*	été
Tu fu*s*	Tu eu*s*	été
Il fu*t*	Il eu*t*	été
N. fû*mes*	N. eû*mes*	été
V. fû*tes*	V. eû*tes*	été
Ils fu*rent*	Ils eu*rent*	été

FUTUR.	FUTUR ANTÉRIEUR.	
Demain,	*Demain à midi,*	
Je se*rai* (*courageux*)	J' au*rai*	été
Tu se*ras*	Tu au*ras*	été
Il se*ra*	Il au*ra*	été
N. se*rons*	N. au*rons*	été
V. se*rez*	V. au*rez*	été
Ils se*ront*	Ils au*ront*	été

---

(1) Voyez les *exercices*, page 50.

SUITE DU VERBE ÊTRE.

CONDITIONNEL.

Temps simples.	*Temps composés.*	
PRÉSENT.	PASSÉ.	
Aujourd'hui, si on le voulait,	*Hier, si on l'avait voulu,*	
Je se*rais* (*heureux*)	J' au*rais*	été
Tu se*rais*	Tu au*rais*	été
Il se*rait*	Il au*rait*	été
N. se*rions*	N. au*rions*	été
V. se*riez*	V. au*riez*	été
Ils se*raient*	Ils au*raient*	été

AUTRE PASSÉ. J'eu *sse* été, tu eu *sses* été, il eû *t* été, nous eu *ssions* été, vous eu *ssiez* été, ils eu *ssent* été.

IMPÉRATIF.

PRÉSENT.	FUTUR ANTÉRIEUR.	
Aujourd'hui,	*Demain à midi,*	
Soi *s* (*studieux*)	Ai *e*	été
Soy *ons*	Ay *ons*	été
Soy *ez*	Ay *ez*	été

SUBJONCTIF.

PRÉSENT *ou* FUTUR.	PASSÉ INDÉFINI.	
Il faut	*Il est possible*	
Que je soi *s* (*généreux*)	Que j' ai *e*	été
Que tu soi *s*	Que tu ai *es*	été
Qu' il soi *t*	Qu' il ai *t*	été
Que n. soy *ons*	Que n. ay *ons*	été
Que v. soy *ez*	Que v. ay *ez*	été
Qu' ils soi *ent*	Qu' ils ai *ent*	été

PASSÉ IMPARFAIT.	PASSÉ PLUSQUEPARFAIT.	
Hier, il fallait	*Hier, on voulait*	
Que je fu *sse* (*soumis*)	Que j' eu *sse*	été
Que tu fu *sses*	Que tu eu *sses*	été
Qu' il fû *t*	Qu' il eû *t*	été
Que n. fu *ssions*	Que n. eu *ssions*	été
Que v. fu *ssiez*	Que v. eu *ssiez*	été
Qu' ils fu *ssent*	Qu' ils eu *ssent*	été

VERBE EN ER.

INFINITIF (1).

Temps simples.	*Temps composés.*
PRÉSENT OU FUTUR.	PASSÉ.
Aim *er*	Av *oir* aimé

PARTICIPES.

PRÉSENT.	PASSÉ.
Aim *ant*	Ay *ant* aimé

INDICATIF.

PRÉSENT.		PASSÉ INDÉFINI.	
Aujourd'hui,		*Hier,*	
J' aim *e*		J' ai	aimé
Tu aim *es*		Tu a *s*	aimé
Il aim *e*		Il a	aimé
N. aim *ons*		N. av *ons*	aimé
V. aim *ez*		V. av *ez*	aimé
Ils aim *ent*		Ils ont	aimé

PASSÉ IMPARFAIT.		PASSÉ PLUSQUEPARFAIT.	
Hier,		*Hier,*	
J' aim *ais*		J' av *ais*	aimé
Tu aim *ais*		Tu av *ais*	aimé
Il aim *ait*		Il av *ait*	aimé
N. aim *ions*		N. av *ions*	aimé
V. aim *iez*		V. av *iez*	aimé
Ils aim *aient*		Ils av *aient*	aimé

PASSÉ DÉFINI.		PASSÉ ANTÉRIEUR.	
Hier,		*Hier dèsque*	
J' aim *ai*		J' eu *s*	aimé
Tu aim *as*		Tu eu *s*	aimé
Il aim *a*		Il eu *t*	aimé
N. aim *âmes*		N. eû *mes*	aimé
V. aim *âtes*		V. eû *tes*	aimé
Ils aim *èrent*		Ils eu *rent*	aimé

FUTUR.		FUTUR ANTÉRIEUR.	
Demain,		*Demain à midi,*	
J' aime *rai*		J' au *rai*	aimé
Tu aime *ras*		Tu au *ras*	aimé
Il aime *ra*		Il au *ra*	aimé
N. aime *rons*		N. au *rons*	aimé
V. aime *rez*		V. au *rez*	aimé
Ils aime *ront*		Ils au *ront*	aimé

(1) Voyez les *exercices*, page 50.

SUITE DU VERBE EN ER.

CONDITIONNEL.

Temps simples.	*Temps composés.*	
PRÉSENT.	PASSÉ.	
Aujourd'hui, si on le voulait,	*Hier, si on l'avait voulu,*	
J' aime *rais*	J' au *rais*	aimé
Tu aime *rais*	Tu au *rais*	aimé
Il aime *rait*	Il au *rait*	aimé
N. aime *rions*	N. au *rions*	aimé
V. aime *riez*	V. au *riez*	aimé
Ils aime *raient*	Ils au *raient*	aimé

AUTRE PASSÉ. J'eu *sse* aimé, tu eu *sses* aimé, il eû *t* aimé, nous eu *ssions* aimé, vous eu *ssiez* aimé, ils eu *ssent* aimé.

IMPÉRATIF.

PRÉSENT.	FUTUR ANTÉRIEUR.	
Aujourd'hui,	*Demain à midi,*	
Aim *e*	Ai *e*	aimé
Aim *ons*	Ay *ons*	aimé
Aim *ez*	Ay *ez*	aimé

SUBJONCTIF.

PRÉSENT *ou* FUTUR.	PASSÉ INDÉFINI.	
Il faut	*Il est possible*	
Que j' aim *e*	Que j' ai *e*	aimé
Que tu aim *es*	Que tu ai *es*	aimé
Qu' il aim *e*	Qu' il ai *t*	aimé
Que n. aim *ions*	Que n. ay *ons*	aimé
Que v. aim *iez*	Que v. ay *ez*	aimé
Qu' ils aim *ent*	Qu' ils ai *ent*	aimé

PASSÉ IMPARFAIT.	PASSÉ PLUSQUEPARFAIT.	
Hier, il fallait	*Hier, on voulait*	
Que j' aim *asse*	Que j' eu *sse*	aimé
Que tu aim *asses*	Que tu eu *sses*	aimé
Qu' il aim *ât*	Qu' il eû *t*	aimé
Que n. aim *assions*	Que n. eu *ssions*	aimé
Que v. aim *assiez*	Que v. eu *ssiez*	aimé
Qu' ils aim *assent*	Qu' ils eu *ssent*	aimé

Conjuguez de même *charmer, fermer, danser, parler, chanter, travailler,* et autres.

VERBE EN IR.

INFINITIF (1).

Temps simples.	*Temps composés.*
PRÉSENT *ou* FUTUR.	PASSÉ.
Fin *ir*	Av *oir* fini

PARTICIPES.

PRÉSENT.	PASSÉ.
Fin *issant*	Ay *ant* fini

INDICATIF.

PRÉSENT.		PASSÉ INDÉFINI.	
Aujourd'hui,		*Hier,*	
Je fin *is*		J' ai	fini
Tu fin *is*		Tu a *s*	fini
Il fin *it*		Il a	fini
N. fin *issons*		N. av *ons*	fini
V. fin *issez*		V. av *ez*	fini
Ils fin *issent*		Ils ont	fini

PASSÉ IMPARFAIT.		PASSÉ PLUSQUEPARFAIT.	
Hier,		*Hier,*	
Je fin *issais*		J' av *ais*	fini
Tu fin *issais*		Tu av *ais*	fini
Il fin *issait*		Il av *ait*	fini
N. fin *issions*		N. av *ions*	fini
V. fin *issiez*		V. av *iez*	fini
Ils fin *issaient*		Ils av *aient*	fini

PASSÉ DÉFINI.		PASSÉ ANTÉRIEUR.	
Hier,		*Hier, dèsque*	
Je fin *is*		J' eu *s*	fini
Tu fin *is*		Tu eu *s*	fini
Il fin *it*		Il eu *t*	fini
N. fin *îmes*		N. eû *mes*	fini
V. fin *îtes*		V. eû *tes*	fini
Ils fin *irent*		Ils eu *rent*	fini

FUTUR.		FUTUR ANTÉRIEUR.	
Demain,		*Demain à midi,*	
Je fini *rai*		J' au *rai*	fini
Tu fini *ras*		Tu au *ras*	fini
Il fini *ra*		Il au *ra*	fini
N. fini *rons*		N. au *rons*	fini
V. fini *rez*		V. au *rez*	fini
Ils fini *ront*		Ils au *ront*	fini

---

(1) Voyez les *exercices*, page 60.

SUITE DU VERBE EN IR.

CONDITIONNEL.

Temps simples.

PRÉSENT.

Aujourd'hui, si on le voulait,
Je fini *rais*
Tu fini *rais*
Il fini *rait*
N. fini *rions*
V. fini *riez*
Ils fini *raient*

Temps composés.

PASSÉ.

Hier, si on l'avait voulu,
J' au *rais* fini
Tu au *rais* fini
Il au *rait* fini
N. au *rions* fini
V. au *riez* fini
Ils au *raient* fini

AUTRE PASSÉ. J'eu *sse* fini, tu eu *sses* fini, il eû *t* fini, nous eu *ssions* fini, vous eu *ssiez* fini, ils eu *ssent* fini.

IMPÉRATIF.

PRÉSENT.

Aujourd'hui,
Fin *is*
Fin *issons*
Fin *issez*

FUTUR ANTÉRIEUR.

Demain à midi,
Ai *e* fini
Ay *ons* fini
Ay *ez* fini

SUBJONCTIF.

PRÉSENT *ou* **FUTUR.**

Il faut
Que je fin *isse*
Que tu fin *isses*
Qu' il fin *isse*
Que n. fin *issions*
Que v. fin *issiez*
Qu' ils fin *issent*

PASSÉ INDÉFINI.

Il est possible
Que j' ai *e* fini
Que tu ai *es* fini
Qu' il ai *t* fini
Que n. ay *ons* fini
Que v. ay *ez* fini
Qu' ils ai *ent* fini

PASSÉ IMPARFAIT.

Hier, il fallait
Que je fin *isse*
Que tu fin *isses*
Qu' il fin *ît*
Que n. fin *issions*
Que v. fin *issiez*
Qu' ils fin *issent*

PASSÉ PLUSQUEPARFAIT.

Hier, on voulait
Que j' eu *sse* fini
Que tu eu *sses* fini
Qu' il eû *t* fini
Que n. eu *ssions* fini
Que v. eu *ssiez* fini
Qu' ils eu *ssent* fini

Conjuguez de même *définir, punir, avertir, guérir, ensevelir, chérir, remplir,* etc.

VERBE EN OIR.

INFINITIF (1).

Temps·simples.	*Temps composés.*
PRÉSENT *ou* FUTUR.	PASSÉ.
Pourv *oir*	Av *oir* pourvu

PARTICIPES.

PRÉSENT.	PASSÉ.
Pourvoy *ant*	Ay *ant* pourvu

INDICATIF.

PRÉSENT.		PASSÉ.	
Aujourd'hui,		*Hier,*	
Je pourv *ois*	J' ai	pourvu
Tu pourv *ois*	Tu a *s*	pourvu
Il pourv *oit*	Il a	pourvu
N. pourvoy *ons*	N. av *ons*	pourvu
V. pourvoy *ez*	V. av *ez*	pourvu
Ils pourvoi *ent* (2)	Ils *ont*	pourvu

PASSÉ IMPARFAIT.		PASSÉ PLUSQUEPARFAIT.	
Hier,		*Hier,*	
Je pourvoy *ais*	J' av *ais*	pourvu
Tu pourvoy *ais*	Tu av *ais*	pourvu
Il pourvoy *ait*	Il av *ait*	pourvu
N. pourvoy *ions*	N. av *ions*	pourvu
V. pourvoy *iez*	V. av *iez*	pourvu
Ils pourvoy *aient*	Ils av *aient*	pourvu

PASSÉ DÉFINI.		PASSÉ ANTÉRIEUR.	
Hier,		*Hier, dèsque*	
Je pourv *us*	J' eu *s*	pourvu
Tu pourv *us*	Tu eu *s*	pourvu
Il pourv *ut*	Il eu *t*	pourvu
N. pourv *ûmes*	N. eû *mes*	pourvu
V. pourv *ûtes*	V. eû *tes*	pourvu
Ils pourv *urent*	Ils eu *rent*	pourvu

FUTUR.		FUTUR ANTÉRIEUR.	
Demain,		*Demain à midi,*	
Je pourvoi *rai*	J' au *rai*	pourvu
Tu pourvoi *ras*	Tu au *ras*	pourvu
Il pourvoi *ra*	Il au *ra*	pourvu
N. pourvoi *rons*	N. au *rons*	pourvu
V. pourvoi *rez*	V. au *rez*	pourvu
Ils pourvoi *ront*	Ils au *ront*	pourvu

---

(1) Voyez les *exercïces*, page 50.

(2) Dites à vos élèves que, devant un *e* muet, on met toujours un *i*, et non pas un *y*.

SUITE DU VERBE EN OIR.

CONDITIONNEL.

Temps simples.	*Temps composés.*	
PRÉSENT.	PASSÉ.	
Aujourd'hui, si on le voulait,	*Hier, si on l'avait voulu,*	
Je pourvoi *rais*	J' au *rais*	pourvu
Tu pourvoi *rais*	Tu au *rais*	pourvu
Il pourvoi *rait*	Il au *rait*	pourvu
N. pourvoi *rions*	N. au *rions*	pourvu
V. pourvoi *riez*	V. au *riez*	pourvu
Ils pourvoi *raient*	Ils au *raient*	pourvu

AUTRE PASSÉ. J'eu *sse* pourvu, tu eu *sses* pourvu, il eû *t* pourvu, nous eu *ssions* pourvu, vous eu *ssiez* pourvu, ils eu *ssent* pourvu.

IMPÉRATIF.

PRÉSENT.	FUTUR ANTÉRIEUR.	
Aujourd'hui,	*Demain à midi,*	
Pourvoi *s*	Ai	pourvu
Pourvoy *ons*	Ay *ons*	pourvu
Pourvoy *ez*	Ay *ez*	pourvu

SUBJONCTIF.

PRÉSENT *ou* FUTUR.	PASSÉ INDÉFINI.	
Il faut	*Il est possible*	
Que je pourvoi *e*	Que j' ai *e*	pourvu
Que tu pourvoi *es*	Que tu ai *es*	pourvu
Qu' il pourvoi *e*	Qu' il ai *t*	pourvu
Que n. pourvoy *ons*	Que n. ay *ons*	pourvu
Que v. pouvoy *ez*	Que v. ay *ez*	pourvu
Qu' ils pourvoi *ent*	Qu' ils ai *ent*	pourvu
PASSÉ IMPARFAIT.	PASSÉ PLUSQUEPARFAIT.	
Hier, il fallait	*Hier, on voulait*	
Que je pourv *usse*	Que j' eu *sse*	pourvu
Que tu pourv *usses*	Que tu eu *sses*	pourvu
Qu' il pourv *ût*	Qu' il eû *t*	pourvu
Que n. pourv *ussions*	Que n. eu *ssions*	pourvu
Que v. pourv *ussiez*	Que v. eu *ssiez*	pourvu
Qu' ils pourv *ussent*	Qu' ils eu *ssent*	pourvu

Ainsi se conjuguent, mais irrégulièrement, *recevoir, apercevoir, concevoir, devoir, percevoir. Pourvoir* est le seul verbe régulier de la 3° conjugaison.

VERBE EN RE.

INFINITIF (1).

Temps simples.	Temps composés.
PRÉSENT *ou* FUTUR.	PASSÉ.
Rend *re*	Av *oir* rendu

PARTICIPES.

PRÉSENT.	PASSÉ INDÉFINI.
Rend *ant*	Ay *ant* rendu

INDICATIF.

PRÉSENT.		PASSÉ INDÉFINI.	
Aujourd'hui,		*Hier,*	
Je rend *s*		J' ai	rendu
Tu rend *s*		Tu a *s*	rendu
Il rend		Il a	rendu
N. rend *ons*		N. av *ons*	rendu
V. rend *ez*		V. av *ez*	rendu
Ils rend *ent*		Ils *ont*	rendu

PASSÉ IMPARFAIT		PASSÉ PLUSQUEPARFAIT.	
Hier,		*Hier,*	
Je rend *ais*		J' av *ais*	rendu
Tu rend *ais*		Tu av *ais*	rendu
Il rend *ait*		Il av *ait*	rendu
N. rend *ions*		N. av *ions*	rendu
V. rend *iez*		V. av *iez*	rendu
Ils rend *aient*		Ils av *aient*	rendu

PASSÉ INDÉFINI.		PASSÉ ANTÉRIEUR.	
Hier,		*Hier, dèsque*	
Je rend *is*		J' eu *s*	rendu
Tu rend *is*		Tu eu *s*	rendu
Il rend *it*		Il eu *t*	rendu
N. rend *îmes*		N. eû *mes*	rendu
V. rend *îtes*		V. eû *tes*	rendu
Ils rend *irent*		Ils eu *rent*	rendu

FUTUR.		FUTUR ANTÉRIEUR.	
Demain,		*Demain à midi,*	
Je rend *rai*		J' au *rai*	rendu
Tu rend *ras*		Tu au *ras*	rendu
Il rend *ra*		Il au *ra*	rendu
N. rend *rons*		N. au *rons*	rendu
V. rend *rez*		V. au *rez*	rendu
Ils rend *ront*		Ils au *ront*	rendu

(1) Voyez les *exercices,* page 50.

SUITE DU VERBE EN RE.

CONDITIONNEL.

Temps simples.		*Temps composés.*	
PRÉSENT.		PASSÉ.	
Aujourd'hui, si on le voulait,		*Hier, si on l'avait voulu,*	
Je rend *rais*		J' au *rais*	rendu
Tu rend *rais*		Tu au *rais*	rendu
Il rend *rait*		Il au *rait*	rendu
N. rend *rions*		N. au *rions*	rendu
V. rend *riez*		V. au *riez*	rendu
Ils rend *raient*		Ils au *raient*	rendu

AUTRE PASSÉ. J'eu *sse* rendu, tu eu *sses* rendu, il eû *t* rendu, nous eu *ssions* rendu, vous eu *ssiez* rendu, ils eu *ssent* rendu.

IMPÉRATIF.

PRÉSENT.		FUTUR ANTÉRIEUR.	
Aujourd'hui,		*Demain à midi,*	
Rend *s*		Ai *e*	rendu
Rend *ons*		Ay *ons*	rendu
Rend *ez*		Ay *ez*	rendu

SUBJONCTIF.

PRÉSENT *ou* FUTUR.		PASSÉ INDÉFINI.	
Il faut		*Il est possible*	
Que je rend *e*		Que j' ai *e*	rendu
Que tu rend *es*		Que tu ai *es*	rendu
Qu' il rend *e*		Qu' il ai *t*	rendu
Que n. rend *ions*		Que n. ay *ons*	rendu
Que v. rend *iez*		Que v. ay *ez*	rendu
Qu' ils rend *ent*		Qu' ils ai *ent*	rendu

PASSÉ IMPARFAIT.		PASSÉ PLUSQUEPARFAIT.	
Hier, il fallait		*Hier on voulait*	
Que je rend *isse*		Que j' eu *sse*	rendu
Que tu rend *isses*		Que tu eu *sses*	rendu
Qu' il rend *it*		Qu' il eû *t*	rendu
Que n. rend *issions*		Que n. eu *ssions*	rendu
Que v. rend *issiez*		Que v. eu *ssiez*	rendu
Qu' ils rend *issent*		Qu' ils eu *ssent*	rendu

Ainsi se conjuguent *attendre, défendre, entendre, fondre, mordre, répandre, suspendre, tondre, vendre.*

EXERCICES SUR LES VERBES.

QUESTIONNAIRE (1).

1. — (*Dites la première* PERSONNE : *l'élève finira le temps.*)
Le maître. J'ai. . . . . . . *L'élève.* Tu as, il a, nous avons, etc.
— J'avais.. . . . — Tu avais, il avait, nous avions.

2. — (*Demandez un* TEMPS : *l'élève le conjuguera.*)
Le maître. *Futur ?* . . . . *L'élève.* J'aurai, tu auras, il aura.
— *Passé du condit. ?* — J'aurais eu, tu aurais eu.

3. — (*Dites une* PERSONNE : *l'élève dira la personne* CORRESPON-
DANTE, *à l'autre nombre.*)
Le maître. *Tu as.* . . . . . *L'élève.* Vous avez.
— *Ils ont eu.* — Il a eu.

4. — (*Demandez une personne à tel* NOMBRE , *à tel* TEMPS *et à tel*
MODE : *l'élève la dira.*)
Le maître. Prem. pers. du sing. du passé imparf. de l'indic. ?
L'élève. J'avais.
Le maître. Troisième personne du pluriel du futur ?
L'élève. Ils auront. (*Et ainsi de suite.*)

DICTÉE.

1. — (*Écrivez la première* PERSONNE : *l'élève finira le temps.*)
Le maître. J'aurai. . . . *L'élève.* Tu auras, il aura, n. aurons.
— J'aurais eu. . . . — Tu aurais eu, il aurait eu.

2. — (*Demandez un* TEMPS : *l'élève l'écrira.*)
Le maître. *Futur antérieur ?* *L'élève.* J'aurai eu, tu auras eu.
— *Présent de l'impér. ?* — Aie, ayons, ayez.

3. — (*Demandez une personne à tel* NOMBRE, *à tel* TEMPS *et à tel*
MODE : *l'élève l'écrira.*)
Le maître. Deuxième pers. du plur. du prés. de l'indicatif ?
L'élève. Vous avez.
Le maître. Première personne du singulier du futur antérieur ?
L'élève. J'aurai eu.

4. — (*Dites une* PERSONNE : *l'élève en écrira l'analyse.*)
Le maître. Vous aviez.
L'élève. Deuxième pers. du plur. du passé imparf. de l'indic.
Le maître. Ayons.
L'élève. Première personne du pluriel du présent de l'impératif.

---

(1) Il est bien entendu que ce *modèle* d'exercices servira pour
tous les verbes.

DES TEMPS PRIMITIFS (1.)

On appèle *Temps primitifs* d'un verbe ceux qui servent à former les autres temps dans les quatre conjugaisons.

TABLEAU DES TEMPS PRIMITIFS.

	Présent de l'infinitif.	Participe présent.	Participe passé.	Présent de l'indicatif.	Passé de l'indicatif.
PREMIÈRE CONJUGAISON.	Aimer.	Aimant.	Aimé.	J'aime.	J'aimai.
SECONDE CONJUGAISON.	Finir. Sentir. Ouvrir. Tenir.	Finissant. Sentant. Ouvrant. Tenant.	Fini. Senti. Ouvert. Tenu.	Je finis. Je sens. J'ouvre. Je tiens.	Je finis. Je sentis. J'ouvris. Je tins.
TROISIÈME CONJUGAISON.	Pourvoir.	Pourvoyant.	Pourvu.	Je pourvois.	Je pourvus.
QUATRIÈME CONJUGAISON.	Rendre. Plaire. Paraître. Réduire. Plaindre.	Rendant. Plaisant. Paraissant. Réduisant. Plaignant.	Rendu. Plu. Paru. Réduit. Plaint.	Je rends. Je plais. Je parais. Je réduis. je plains.	Je rendis. Je plus. Je parus. Je réduisis. Je plaignis.

(1) Il n'y a aucun inconvénient à ce que les élèves passent rapidement sur ce qui a rapport à la *formation des temps* et aux *verbes irréguliers.*

1.—Du présent de l'indicatif se forme l'impératif, en ôtant seulement le pronom *je*; exemple : *j'aime*, impér., *aime*; *je finis*, impér., *finis*; *je reçois*, impér., *reçois*; *je rends*, impér., *rends* (1).

Excepté quatre verbes : *je suis*, impér., *sois*; *j'ai* impér., *aie*; *je vais*, impér., *va*; *je sais*, impér., *sache*.

2.—Du passé défini de l'indicatif se forme l'imparfait du subjonctif, en changeant *ai* en *asse*, pour la première conjugaison : *j'aimai*, imparf. du subj., *que j'aim*asse; et en ajoutant seulement *se* pour les trois autres conjugaisons : *je finis*, *que je finis*se; *je reçus*, *que je reçus* se; *je rendis*, *que je rendis* se.

3. — Du présent de l'infinitif on forme :

Le futur de l'indicatif et le présent du conditionnel, en changeant *r* ou *re* en RAI pour le futur, *r* ou *re* en RAIS pour le conditionnel; exemples : *aime*r, *j'aime*rai, *j'aime*rais; *fini*r, *je fini*rai, *je fini*rais; *rend*re, *je ren-d*rai, *je rend*rais.

Remarque. — Cette règle est sujète à un grand nombre d'exceptions que l'on fera connaître plus tard.

4.—Du participe présent on forme le passé imparfait de l'indicatif, en changeant *ant* en *ais* : *aim*ant, imparfait, *j'aim*ais; *finiss*ant, *je finiss* ais; *pourvoy*ant, *je pourvoy* ais; *rend*ant, *je rend*ais.

EXCEPTIONS. Il n'y en a que deux : *ayant, j'avais*; *sachant, je savais.*

---

(1) Si j'ai conservé une partie de ces remarques sur la formation des temps, c'est plus par respect pour l'auteur qu'à cause de leur utilité; car, ainsi qu'on peut s'en apercevoir, les exceptions sont si nombreuses, qu'il n'est pas possible d'établir de régles à cet égard.

(Dictez le temps PRIMITIF : *l'élève écrira l'autre temps.)*

1.—Le M. J'*aime* l'étude.   — L'É. *Aime* l'étude.
Je *finis* mon devoir.   *Finis* ton devoir.
Je *reçois* un conseil.   *Reçois* un conseil.
Je *rends* service.   *Rends* service.
Je *suis* laborieux.   *Sois* laborieux.
J'*ai* pitié.   *Aie* pitié.
Je *vais* à l'école.   *Va* à l'école.
Je *sais* ma leçon.   *Sache* ta leçon.

2.—   J'*aimai* le travail.   Que j'*aimasse* le travail.
Je *finis* ma tâche.   Que je *finisse* ma tâche.
Je *reçus* un prix.   Que je *reçusse* un prix.
Je *rendis* service.   Que je *rendisse* service.
Je *fus* laborieux.   Que je *fusse* laborieux.
J'*eus* piété.   Que j'*eusse* pitié.
J'*allai* à l'école.   Que j'*allasse* à l'école.

3.—   *Aimer* sa patrie.   J'*aimerai* ma patrie.
Finir son service.   Je *finirai* mon service.
Rendre les armes.   Je *rendrai* les armes.
Prendre garde à soi.   Je *prendrai* garde à moi.
Partir bientôt.   Je *partirai* bientôt.
Brosser son habit.   Je *brosserai* mon habit.
Aimer Dieu.   J'*aimerai* Dieu.
Servir son pays.   Je *servirai* mon pays.
Moudre du blé.   Je *moudrai* du blé.
Coudre une robe.   Je *coudrai* ma robe.

4.—   *Aimant* sa mère.   J'*aimais* ma mère.
Finissant sa tâche.   Je *finissais* ma tâche.
Recevant un avis.   Je *recevais* un avis.
Rendant la justice.   Je *rendais* la justice.
Ayant tort.   J'*avais* tort.
Sachant sa leçon.   Je *savais* ma leçon.
Obéissant à son chef.   J'*obéissais* à mon chef.
Secourant les pauvres.   Je *secourais* les pauvres.
Ayant soin.   J'*avais* soin.
Fesant du bien.   Je *fesais* du bien.
Disant la vérité.   Je *disais* la vérité.
Sachant par cœur.   Je *savais* par cœur.
Lisant un livre.   Je *lisais* un livre.
Écrivant une lettre.   J'*écrivais* une lettre.
Chérissant sa sœur.   Je *chérissais* ma sœur.

3

5. — Du même participe présent on forme le présent du subjonctif, en changeant *ant* en *e* muet : *aim*ant, *que j'aim*e; *finiss*ant, *que je finiss*e; *rend*ant, *que je rend*e.

REMARQUE. — Il y a aussi beaucoup d'exceptions à cette règle.

6.—Du même participe on forme les trois personnes du pluriel du présent de l'indicatif, en changeant la terminaison. Exemples :

*Aim*ant : *nous aim*ons, *vous aim*ez, *ils aim*ent;

*Finiss*ant : *nous finiss*ons, *vous finiss*ez, *ils finiss*ent;

*Pourvoy*ant : *nous pourvoy*ons, *vous pourvoy*ez, *ils pourvoi*ent;

*Rend*ant : *nous rend*ons; *vous rend*ez; *ils rend*ent.

Excepté, pour la première personne : *étant, nous sommes; ayant, nous avons; sachant, nous savons;* pour la seconde personne : *fesant, vous faites; disant, vous dites.*

(Dictez le temps PRIMITIF : *l'élève écrira l'autre temps.)*

5.—Le M. *Évitant* un danger.   L'É. J'*évite* un danger.
    Montrant du courage.   Je *montre* du courage.
    Remportant la victoire.   Je *remporte* la victoire.
    Marchant au combat.   Je *marche* au combat.
    Augmentant son savoir.   J'*augmente* mon savoir.
    Confiant un secret.   Je *confie* un secret.
    Lisant beaucoup.   Je *lise* beaucoup.
    Vivant honnêtement.   Je *vive* honnêtement.

Parlant. . . . . . N. partons,   V. partez,   Ils partent.
Chantant . . . N. chantons,   V. chantez,   Ils chantent.
Travaillant. . . N. travaillons,   V. travaillez,   Ils travaillent.
Écrivant. . . . N. écrivons,   V. écrivez,   Ils écrivent.
Regardant. . . N. regardons,   V. regardez,   Ils regardent.
Visant. . . . . N. visons,   V. visez,   Ils visent.
Marchant. . . . N. marchons,   V. marchez,   Ils marchent.
Dormant. . . . N. dormons,   V. dormez,   Ils dorment.
Lisant. . . . . N. lisons,   V. lisez,   Ils lisent.
Secourant. . . . N. secourons,   V. secourez,   Ils secourent.
Parlant. . . . . N. parlons,   V. parlez,   Ils parlent.
Étant. . . . . . N. sommes,   V. êtes,   Ils sont.
Ayant. . . . . . N. avons,   V. avez,   Ils ont.
Sachant. . . . . N. savons,   V. savez,   Ils savent.
Fesant. . . . . N. fesons,   V. faites,   Ils font.
Disant. . . . . N. disons,   V. dites,   Ils disent.

TEMPS PRIMITIFS

DES VERBÉS IRRÉGULIERS (1).

Présent de l'infinitif.	Participe présent.	Participe passé.	Présent de l'indicatif.	Passé défin. de l'indicatif.
PREMIÈRE CONJUGAISON.				
aller	allant	allé	je vais	j'allai
SECONDE CONJUGAISON.				
acquérir	acquérant	acquis	j'acquiers	j'acquis
courir	courant	couru	je cours	je courus
cueillir	cueillant	cueilli	je cueille	je cueillis
dormir	dormant	dormi	je dors	je dormis
fuir	fuyant	fui	je fuis	je fuis
haïr	haïssant	haï	je hais	je haïs
mentir	mentant	menti	je mens	je mentis
mourir	mourant	mort	je meurs	je mourus
offrir	offrant	offert	j'offre	j'offris
ouvrir	ouvrant	ouvert	j'ouvre	j'ouvris
partir	partant	parti	je pars	je partis
sentir	sentant	senti	je sens	je sentis
servir	servant	servi	je sers	je servis
sortir	sortant	sorti	je sors	je sortis
souffrir	souffrant	souffert	je souffre	je souffris
tenir	tenant	tenu	je tiens	je tins
tressaillir	tressaillant	tressailli	je tressaille	je tressaillis
venir	venant	venu	je viens	je vins
TROISIÈME CONJUGAISON.				
recevoir	recevant	reçu	je reçois	je reçus
devoir	devant	dû	je dois	je dus
échoir	échéant	échu	il échoit	il échut
mouvoir	mouvant	mu	je meus	je mus

(1) On appèle *irréguliers* les verbes qui ne suivent pas toujours la règle générale des conjugaisons.

Plusieurs de ces verbes ne sont pas usités à certains temps ni à certaines personnes. Dans ce cas, on les appèle *défectueux*.

Il est inutile de faire observer que les tableaux que nous présentons ici ne doivent point être appris par cœur. Le maître devra les faire lire attentivement aux élèves, et leur faire conjuguer les verbes les plus irréguliers.

VERBES IRRÉGULIERS.

FORMES EXCEPTIONNELLES.

(Faites conjuguer les verbes suivants aux TEMPS *indiqués.)*

PREMIÈRE CONJUGAISON.

Aller. PRÉS. DE L'IND.—*Je vais, tu vas, il va,* n. allons, v. allez, *ils vont.*

PRÉS. DE SUBJ. — *Que j'aille, que tu ailles, qu'il aille,* que n. allions, que v. alliez, *qu'ils aillent.*

PRÉS. DE L'IMPÉR. — *Va.*

SECONDE CONJUGAISON.

Acquérir. PRÉS. DE L'IND. — *J'acquiers, tu acquiers, il acquiert,* n. acquérons, v. acquérez, *ils acquièrent.*

FUT. — *J'acquerrai, tu acquerras, il acquerra,* etc.

PRÉS. DU SUBJ.—*Que j'acquière, que tu acquières, qu'il acquière,* que n. acquérions, que v. acquériez, *qu'ils acquièrent.* (Conjuguez de même *conquérir* et *requérir.*)

Courir. FUT. — *Je courrai.* (De même *accourir,* etc.)

Cueillir. FUT. — *Je cueillerai.* (De même *accueillir,* etc.)

Haïr. PRÉS. DE L'IND. — *Je hais, tu hais, il hait,* n. haïssons, v. haïssez, ils haïssent.

Mourir. FUT. — *Je mourrai.* — CONDIT. — *Je mourrais.*

PRÉS. DU SUBJ. — *Que je meure, que tu meures, qu'il meure,* que n. mourions, que v. mouriez, *qu'ils meurent.*

Tenir. PRÉS. DE L'IND. — *Je tiens, tu tiens, il tient,* n. tenons, v. tenez, *ils tiènent.*

FUT. — *Je tiendrai.* — CONDIT. — *Je tiendrais.*

PRÉS. DU SUBJ. — *Que je tiène, que tu tiènes, qu'il tiène,* que n. tenions, que v. teniez, *qu'ils tiènent.* (De même *appartenir, retenir, soutenir, venir,* et ses composés *devenir,* etc.)

Tressaillir. FUT. — *Je tressaillerai.*

TROISIÈME CONJUGAISON.

Recevoir. FUT. — *Je recevrai.* — CONDIT. — *Je recevrais.*

Devoir. PRÉS. DE L'IND. — *Je dois, tu dois, il doit,* n. devons, v. devez, *ils doivent.*

PRÉS. DU SUBJ. — *Que je doive, que tu doives,* etc.

Échoir. PRÉS. DE L'IND. — *Il échoit* ou *il échet; ils échoient* ou *ils échéent.*

Mouvoir. PRÉS. DE L'IND. — Nous mouvons... *ils meuvent.*

PRÉS. DU SUBJ. — *Que je meuve, que tu meuves, qu'il meuve,* que nous mouvions, que vous mouviez, *qu'ils meuvent,*

Présent de l'infinitif.	Participe présent.	Participe passé.	Présent de l'indicatif.	Passé défin. de l'indicatif.
Suite de la troisième Conjugaison.				
pleuvoir	pleuvant	plu	il pleut	il plut
pouvoir	pouvant	pu	je peux	je pus
prévaloir	prévalant	prévalu	je prévaux	je prévalus
savoir	sachant	su	je sais	je sus
s'assoir	s'assoyant	assis	je m'assois	je m'assis
sursoir	sursoyant	sursis	je sursois	je sursis
valoir	valant	valu	je vaux	je valus
voir	voyant	vu	je vois	je vis
vouloir	voulant	voulu	je veux	je voulus
QUATRIÈME CONJUGAISON.				
absoudre	absolvant	absous	j'absous	. . . . .
battre	battant	battu	je bats	je battis
boire	buvant	bu	je bois	je bus
conclure	concluant	conclu	je conclus	je conclus
conduire	conduisant	conduit	je conduis	je conduisis
confire	confisant	confit	je confis	je confis
connaître	connaissant	connu	je connais	je connus
coudre	cousant	cousu	je couds	je cousis
craindre	craignant	craint	je crains	je craignis
croire	croyant	cru	je crois	je crus
croître	croissant	crû	je crois	je crûs
dire	disant	dit	je dis	je dis
dissoudre	dissolvant	dissous	je dissous	. . . . .
écrire	écrivant	écrit	j'écris	j'écrivis
faire	fesant	fait	je fais	je fis
lire	lisant	lu	je lis	je lus
luire	luisant	lui	il luit	. . . . .
maudire	maudissant	maudit	je maudis	je maudis
médire	médisant	médit	je médis	je médis
mettre	mettant	mis	je mets	je mis
moudre	moulant	moulu	je mouds	je moulus
naître	naissant	né	je nais	je naquis
nuire	nuisant	nui	je nuis	je nuisis
paître	paissant	pu	je pais	. . . . .
paraître	paraissant	paru	je parais	je parus
plaire	plaisant	plu	je plais	je plus
prendre	prenant	pris	je prends	je pris
rire	riant	ri	je ris	je ris
suivre	suivant	suivi	je suis	je suivis
taire	taisant	tu	je tais	je tus
traire	trayant	trait	je trais	. . . . .
vaincre	vainquant	vaincu	je vaincs	je vainquis
vendre	vendant	vendu	je vends	je vendis
vivre	vivant	vécu	je vis	je vécus

(*Faites conjuguer les verbes suivants aux* TEMPS *indiqués.*)

Pouvoir. PRÉS. DE L'IND. — *Je puis* ou *je peux, tu peux, il peut,* nous pouvons, vous pouvez, *ils peuvent.*
PRÉS. DU SUBJ. — *Que je puisse,* etc.
Valoir. FUT. — *Je vaudrai.* — CONDIT. — *Je vaudrais.*
PRÉS. DU SUBJ. — *Que je vaille, que tu vailles, qu'il vaille,* que nous valions, que vous valiez, *qu'ils vaillent.*
Voir. FUT. — *Je verrai.* — CONDIT. — *Je verrais.*
Vouloir. PRÉS. DE L'IND. — *Je veux, tu veux, il veut,* n. voulons, vous voulez, *ils veulent.*

QUATRIÈME CONJUGAISON.

Boire. PRÉS. DE L'IND. — Je bois, tu bois, il boit, *nous buvons, vous buvez,* ils boivent.
PRÉS. DU SUBJ. — Que je boive, que tu boives, qu'il boive, *que nous buvions, que vous buviez,* qu'ils boivent.
Croire. PRÉS. DE L'IND. — Nous croyons, vous croyez, *ils croient.*
PASSÉ IMPARF. — *Nous croyions, vous croyiez, ils croyaient.*
PRÉS. DU SUBJ. — *Que nous croyions, que vous croyiez, qu'ils croient.*
Dire. PRÉS. DE L'IND. — Nous disons, *vous dites,* ils disent.
PRÉS. DU SUBJ. — *Que je dise, que tu dises,* etc.
PASSÉ IMPARF. — *Que je disse, que tu disses, qu'il dît,* etc.
Dissoudre. Conjuguez de même *absoudre* et *résoudre.* Celui-ci fait cependant au passé défini de l'indicatif *je résolus,* et, au participe passé, *résolu* et *résous.* — *Résous* signifie *changé en : Résous en pluie.* (Ce dernier participe n'a pas de féminin.)
Faire. PRÉS. DE L'IND. — Je fais, tu fais, il fait, nous fesons, *vous faites, ils font.*
FUT. — *Je ferai.* — CONDIT. — *Je ferais.*
Médire. PRÉS. DE L'IND. — Nous médisons, vous médisez, ils médisent. (Temps régulier.)
(Conjuguez de même *contredire, dédire, interdire* et *prédire.*)
Prendre. PRÉS. DE L'IND. — Je prends, tu prends, il prend, *nous prenons, vous prenez, ils prènent.*
PRÉS. DU SUBJ. — *Que je prène, que tu prènes, qu'il prène,* que nous prenions, que vous preniez, *qu'ils prènent.*
Vaincre. PRÉS. DE L'IND. — Je vaincs, tu vaincs, il vainc, *nous vainquons, vous vainquez, ils vainquent.*

ACCORD DES VERBES AVEC LEUR SUJET.

1. — On appèle *sujet* d'un verbe ce qui est ou ce qui fait la chose qu'exprime le verbe. On trouve le sujet en mettant *qui est-ce qui?* ou *qu'est-ce qui?* devant le verbe. La réponse à cette question indique le sujet. Quand je dis : *L'enfant est sage :* QUI EST-CE QUI *est sage?* Réponse : *l'*ENFANT : voilà le sujet du verbe *est*. — *La pluie tombe :* QU'EST-CE QUI *tombe?* Réponse : *la* PLUIE : voilà le sujet du verbe *tombe*.

2. — RÈGLE. Tout verbe doit être au même nombre et à la même personne que son sujet.

EXEMPLE. *Je parle* : PARLE est au nombre singulier et à la première personne, parceque *je*, son sujet, est au singulier et de la première personne. *Vous parlez tous deux :* PARLEZ est au nombre pluriel et à la seconde personne, parceque *vous*, son sujet, est au nombre pluriel et de la seconde personne (1).

3. — 1re REMARQUE. Quand un verbe a deux sujets au singulier, on met ce verbe au pluriel.

EXEMPLE. *Mon frère et ma sœur* lisent (2).

4. — 2e REMARQUE. Quand les deux sujets sont de différentes personnes, on met le verbe à la personne qui est la première én rang.

Exemples: *Vous et votre frère*, vous lisez.
Vous et moi, nous lisons.

La politesse française veut qu'on nomme d'abord la personne à qui l'on parle, et qu'on se nomme le dernier. C'est pour cela que, dans l'exemple ci-dessus, on n'a pas dit : MOI *et* VOUS, *nous* lisons, mais VOUS *et* MOI, etc.

---

(1) J'avoue que je ne comprends pas cette définition. Selon moi, les deux mots *je parle* sont inséparables: tous les deux, ils servent à former la première personne du singulier. Il en est de même de *Vous parlez, Ils parlent.*

(*Faites souligner les* SUJETS, *et demandez à quel signe on peut les
reconnaître.*)

1. — Le *vent* du nord est froid et sec.
La *neige* préserve la terre des rigueurs de l'hiver.
Les *tonneliers* font les cerceaux avec le bois du châtaignier.
La *Seine* passe à Paris et à Rouen.
Les plus grosses *baleines* sont celles du Groënland.
La *girafe* est le plus grand de tous les quadrupèdes. Cet *animal*
est fort doux.
Le *Mont-Blanc* est la plus haute montagne des Alpes.
La *farine* de maïs est jaune.

(*Faites souligner et analyser les* VERBES.)

2. — La vipère *est* un animal venimeux. (*sing.* 3ᵉ p.)
Le son *parcourt* 360 mètres par seconde. (*sing.* 3ᵉ p.)
Nous ne *pouvons* pas aimer ceux que nous *craignons*. (*plur.*
1ʳᵉ p.)
Vous *ignorez* sans doute le nombre des jours de l'année. (*plur.*
2ᵉ p.)
L'année *a* 365 jours, (*sing.* 3ᵉ p.)
Tous les corps se *resserrent* au froid : ils se *dilatent* (*s'étendent,
s'élargissent*) à la chaleur. (*plur.* 3ᵉ p.)
Nos antipodes *habitent* le point de la terre opposé au nôtre.

3. — La peine et le plaisir *passent* comme une ombre.
La paresse et l'oisiveté *sont* les avant-coureurs de la misère.
Le scorpion et la vipère *sont* des animaux venimeux.

(*Faites souligner et analyser les* SUJETS *et les* VERBES.)

4. — Ni *vous* ni *moi* n'*avons* passé par les grandes épreuves de
l'envie et de l'ambition.
Vous et votre *frère*, vous *devez* vous aimer.
Soyons, vous et *moi*, complaisants l'un envers l'autre.
· Nous *voudrions* bien, votre *mère* et *moi*, vous voir dociles et
laborieux.
Toi et *Adèle*, vous ne me *donnez* guère de satisfaction.
Ni *vous* ni vos jeunes *amis* ne *savez* comment vient le coton.

---

(2) Voir, page 20, note 1, ce que je dis de l'opinion des grammairiens qui veulent qu'un verbe *au pluriel* ait nécessairement pour
sujet un substantif *au pluriel.*

3.

COMPLÉMENT DES VERBES TRANSITIFS (1).

5.— On appèle verbe *transitif* celui après lequel on peut mettre *quelqu'un, quelque chose. Aimer* est un verbe *transitif*, parcequ'on peut dire *aimer* QUELQU'UN; par exemple : *J'aime* DIEU. Ce mot, qui suit le verbe transitif, s'appèle le *complément* de ce verbe. On connaît le complément en fesant la question *qu'est-ce que?* — QU'EST-CE QUE *j'aime?* Réponse, *Dieu*. DIEU est le complément du verbe *j'aime.*

6. — RÈGLE. Le complément d'un verbe transitif se place ordinairement après le verbe, quand ce complément n'est pas un pronom.

J'aime DIEU. — *Le chat mange la* SOURIS.

Mais quand le complément est un pronom, il se met avant le verbe.

Je VOUS *aime,* pour *j'aime* VOUS. *Il* ME *flatte,* pour *il flatte* MOI.

Le pronom se met après le verbe, quand ce verbe est au mode impératif. Exemple : *L'histoire est utile : étudiez-*LA.

VERBES INTRANSITIFS.

7.— On appèle *intransitifs* les verbes après lesquels on ne peut mettre ni *quelqu'un* ni *quelque chose.* Ainsi, *languir, dormir* sont des verbes intransitifs, parcequ'on ne peut pas dire *languir quelqu'un, dormir quelque chose* (2).

La plupart des verbes intransitifs se conjuguent, dans leurs temps composés, comme les verbes transitifs, c'est-à-dire, avec l'auxiliaire AVOIR : *j'*AI *dormi, j'*AVAIS *dormi, j'*AURAIS *dormi,* etc.

Mais il y a quelques verbes intransitifs qui, par une fâcheuse exception, se conjuguent encore, dans leurs temps composés, avec l'auxiliaire *être,* comme *venir, arriver.*

---

(1) *Transitif* veut dire *qui marque un passage.* — Les verbes transitifs expriment, en effet, une action qui du sujet est *transmise,* c'est-à-dire, qui passe au complément, objet de cette action.

(2) Il y a fort peu de verbes *essentiellement* intransitifs. — Les verbes transitifs peuvent devenir *accidentellement* intransitifs. Ainsi, le verbe *manger* est intransitif dans cette phrase : *Cet enfant* MANGE *malproprement.*

(Faites souligner et analyser les verbes TRANSITIFS. *)*

5. — *Je traversais* le désert : accablé par une chaleur dévorante, j'allais succomber à la soif qui me *tuait*, lorsqu'un pauvre Arabe m'*offrit* une cruche d'eau qu'*il avait réservée* pour lui.

Je *voulus* lui *donner* un anneau précieux que *je portais* au doigt.

L'Arabe le *refusa* : il ne *comprenait* pas quel prix *j'attachais* à l'offre généreuse qu'il venait de me *faire*, tant elle lui semblait naturelle.

(Faites souligner et analyser les COMPLÉMENTS. *)*

6. — C'est le travail qui fait connaître la véritable *valeur* de l'homme, de même que le feu développe les *parfums* de l'encens.

Il y a encore des hommes assez dénaturés pour acheter et pour vendre d'autres *hommes*. On ne saurait trop flétrir un *trafic* aussi odieux.

Les marchands d'hommes vont *les* chercher sur les côtes d'Afrique.

On *les* entasse au fond d'un navire : quelquefois on *les* met dans des tonneaux ; et, si le vaisseau est visité en route, on *les* jète à la mer, comme on y jeterait des *marchandises* de contrebande.

Ta mère t'a prodigué les *soins* les plus tendres : aime-LA de tout ton cœur.

Celui qui a inventé les *chemins* de fer a rendu un grand *service* à l'industrie et au commerce.

(Faites souligner et analyser les verbes INTRANSITIFS. *)*

7. — Rien ne *plaît* de la part de quelqu'un que l'on n'aime pas.

Les arts *florissaient* à Athènes sous Périclès : *ils florissaient* à Rome sous l'empereur Auguste.

Le bon emploi du temps est une des choses qui *contribuent* le plus à notre bonheur.

Tout genre d'excès *nuit* à la santé.

Il y a des montagnes où la glace ne *fond* jamais.

Le bonheur du sage *consiste* à aimer par-dessus tout la vérité et la vertu.

Partout la civilisation a *marché* sur les pas de l'Évangile.

On peut *aller* en Amérique en 15 jours.

Louis XIII a *succédé* à Henri IV. — Louis XIV a *régné* 72 ans.

Napoléon *monta* sur le trône en 1804.

Il *succomba*, en 1815, sous les efforts des nations coalisées.

Il *mourut* sur le rocher de Sainte-Hélène, le 5 mai 1821.

CONJUGAISON DES VERBES INTRANSITIFS.

INFINITIF.

Temps simples.	*Temps composés.*
PRÉSENT.	PASSÉ.
Arriv *er*	Êt *re* (1) arrivé

PARTICIPES.

PRÉSENT.	PASSÉ.
Arriv *ant*	Ét *ant* arrivé

INDICATIF.

PRÉSENT.	PASSÉ INDÉFINI.	
Aujourd'hui,	*Hier,*	
J' arriv *e*	Je sui *s*	arrivé
Tu arriv *es*	Tu e *s*	arrivé
Il arriv *e*	Il es *t*	arrivé
N. arriv *ons*	N. som *mes*	arrivés
V. arriv *ez*	V. êt *es*	arrivés
Ils arriv *ent*	Ils so *nt*	arrivés

PASSÉ IMPARFAIT.	PASSÉ PLUSQUEPARFAIT.	
Hier,	*Hier,*	
J' arriv *ais*	J' ét *ais*	arrivé
Tu arriv *ais*	Tu ét *ais*	arrivé
Il arriv *ait*	Il ét *ait*	arrivé
N. arriv *ions*	N. ét *ions*	arrivés
V. arriv *iez*	V. ét *iez*	arrivés
Ils arriv *aient*	Ils ét *aient*	arrivés

PASSÉ DÉFINI.	PASSÉ ANTÉRIEUR.	
Hier,	*Hier, dèsque*	
J' arriv *ai*	Je fu *s*	arrivé
Tu arriv *as*	Tu fu *s*	arrivé
Il arriv *a*	Il fu *t*	arrivé
N. arriv *âmes*	N. fû *mes*	arrivés
V. arriv *âtes*	V. fû *tes*	arrivés
Ils arriv *èrent*	Ils fu *rent*	arrivés

FUTUR.	FUTUR ANTÉRIEUR.	
Demain,	*Demain à midi,*	
J' arrive *rai*	Je se *rai*	arrivé
Tu arrive *ras*	Tu se *ras*	arrivé
Il arrive *ra*	Il se *ra*	arrivé
N. arrive *rons*	N. se *rons*	arrivés
V. arrive *rez*	V. se *rez*	arrivés
Ils arrive *ront*	Ils se *ront*	arrivés

---

(1) Le maître aura soin de faire remarquer que les verbes intransitifs, lorsqu'ils expriment une *action*, se conjuguent presque tous
avec le verbe *avoir*. Ainsi, l'on dit : J'AI *passé* par Lyon : J'AI *des-*

CONDITIONNEL.

Temps simples.	*Temps composés.*	
PRÉSENT.	PASSÉ.	
Aujourd'hui, si on le voulait,	*Hier, si on l'avait voulu,*	
J' arrive *rais*	Je se *rais*	arrivé
Tu arrive *rais*	Tu se *rais*	arrivé
Il arrive *rait*	Il se *rait*	arrivé
N. arrive *rions*	N. se *rions*	arrivés
V. arrive *riez*	V. se *riez*	arrivés
Ils arrive *raient*	Ils se *raient*	arrivés

AUTRE PASSÉ. Je fu *sse* arrivé, tu fu *sses* arrivé, il fû *t* arrivé, nous fu *ssions* arrivés, vous fu *ssiez* arrivés, ils fu *ssent* arrivés.

IMPÉRATIF.

PRÉSENT.	FUTUR ANTÉRIEUR.	
Aujourd'hui,	*Demain à midi,*	
Arriv *e*	Soi *s*	arrivé
Arriv *ons*	Soy *ons*	arrivés
Arriv *ez*	Soy *ez*	arrivés

SUBJONCTIF.

PRÉSENT *ou* FUTUR.	PASSÉ INDÉFINI.	
Il faut	*Il est possible*	
Que j' arriv *e*	Que je soi *s*	arrivé
Que tu arriv *es*	Que tu soi *s*	arrivé
Qu' il arriv *e*	Qu' il soi *t*	arrivé
Que n. arriv *ions*	Que n. soy *ons*	arrivés
Que v. arriv *iez*	Que v. soy *ez*	arrivés
Qu' ils arriv *ent*	Qu' ils soi *ent*	arrivés
PASSÉ IMPARFAIT.	PASSÉ PLUSQUEPARFAIT.	
Hier il fallait	*Hier, on voulait*	
Que j' arriv *asse*	Que je fu *sse*	arrivé
Que tu arriv *asses*	Que tu fu *sses*	arrivé
Qu' il arriv *ât*	Qu' il fû *t*	arrivé
Que n. arriv *assions*	Que n. fu *ssions*	arrivés
Que v. arriv *assiez*	Que v. fu *ssiez*	arrivés
Qu' ils arriv *assent*	Qu' ils fu *ssent*	arrivés

Conjuguez de même les verbes *aller, décéder, entrer, sortir, mourir, partir, venir,* et ses composés *devenir, revenir,* etc.

---

cendu à la cave ; J'AI *tombé* du haut de ce balcon, etc. Ces mêmes verbes se conjuguent avec *être* quand ils expriment un *état présent, actuel.* Ainsi, on dira : Madame, relevez donc votre enfant, vous voyez bien qu'il EST *tombé.* C'est pour cela qu'on ne doit pas dire Je SUIS *tombé* HIER ; car *je suis* est un temps présent, et *hier* exprime un temps passé.

VERBES RÉFLÉCHIS.

On appèle verbes *réfléchis* ceux dont le sujet et le complément sont la même personne, comme JE ME *flatte*, TU TE *loues*, IL SE *blesse* (1), etc.

INFINITIF.

PRÉSENT.	PASSÉ.	
Se repent *ir*	S'êt *re*	repenti

PARTICIPES.

PRÉSENT.	PASSÉ.	
Se repent *ant*	S'ét *ant*	repenti

INDICATIF.

PRÉSENT.	PASSÉ INDÉFINI.	
Je me repen *s*, etc.	Je me sui *s*	repenti
PASSÉ IMPARFAIT.	PASSÉ PLUSQUEPARFAIT.	
Je me repent *ais*	Je m'ét *ais*	repenti
PASSE DÉFINI.	PASSÉ ANTÉRIEUR.	
Je me repent *is*	Je me fu *s*	repenti
FUTUR.	FUTUR ANTÉRIEUR.	
Je me repenti *rai*	Je me se *rai*	repenti

CONDITIONNEL.

PRÉSENT.	PASSÉ.	
Je me repenti *rais*	Je me se *rais*	repenti

IMPÉRATIF.

Repen *s*-toi.

SUBJONCTIF.

PRÉSENT *ou* FUTUR.	PASSÉ INDÉFINI.	
Que je me repent *e*	Que je me soi *s*	repenti
PASSÉ IMPARFAIT.	PASSÉ PLUSQUEPARFAIT.	
Que je me repent *isse*	Que je me fu *sse*	repenti

---

(1) On dit que les verbes *se souvenir, se repentir,* sont ESSEN-TIELLEMENT *réfléchis,* parcequ'ils ne peuvent jamais se conjuguer sans deux pronoms de la même personne : JE ME *repens*. D'autres verbes ne sont *réfléchis* qu'*accidentellement,* comme *je me flatte;* car on dit bien *flatter quelqu'un.* A la rigueur, *je me flatte, je me loue, je me blesse,* sont simplement des verbes *transitifs.*

VERBES UNIPERSONNELS (1).

On appèle verbe *unipersonnel* celui qui ne s'emploie dans tous ses temps qu'à *une seule* personne (la troisième du singulier), comme *il faut, il importe, il pleut*, etc. Il se conjugue à cette troisième personne comme les autres verbes.

INFINITIF.

PRÉSENT *ou* FUTUR.	PARTICIPE PASSÉ.
Falloir	Ayant fallu

INDICATIF.

PRÉSENT.	PASSÉ INDÉFINI.
Il faut	Il a fallu
PASSÉ IMPARFAIT.	PASSÉ PLUSQUEPARFAIT.
Il fallait	Il avait fallu
PASSÉ DÉFINI.	PASSÉ ANTÉRIEUR.
Il fallut	Il eût fallu
FUTUR.	FUTUR ANTÉRIEUR.
Il faudra	Il aura fallu

CONDITIONNEL.

PRÉSENT.	PASSÉ.
Il faudrait	Il aurait fallu

SUBJONCTIF.

PRÉSENT *ou* FUTUR.	PASSÉ INDÉFINI.
Qu'il faille	Qu'il ait fallu
PASSÉ IMPARFAIT.	PASSÉ PLUSQUEPARFAIT.
Qu'il fallût	Qu'il eût fallu

Remarque. Le mot *il* ne marque un verbe *unipersonnel* que lorsqu'on ne peut pas mettre un substantif à sa place. Ainsi, lorsque, en parlant d'un enfant, on dit *il joue*, ce verbe *il joue* n'est pas unipersonnel, parceque, à la place du mot *il*, on peut mettre *l'enfant*, et dire *l'enfant joue.*

---

(1) Lhomond appelait ce verbe *impersonnel;* mais *impersonnel* signifie qui n'a *aucune personne :* or, ce n'est pas du tout cela que l'on veut dire.

CHAPITRE VI.

SIXIÈME ESPÈCE DE MOTS.

LE PARTICIPE (1).

1.— Le PARTICIPE est un mot qui tient du verbe et de l'adjectif, comme *aimant, aimé.* Il tient du verbe en ce qu'il en a la signification et le complément : *aimant Dieu ;* il tient de l'adjectif en ce qu'il qualifie une personne ou une chose, comme *vieillard* HONORÉ , *vertu* ÉPROUVÉE (2).

ACCORD DES PARTICIPES.

Participe PRÉSENT.

2. — *Règle.* Le participe *présent* ne varie jamais, c'est-à-dire qu'il ne prend ni genre ni nombre.

Un homme lisant.	*Une femme* lisant.
Des hommes lisant.	*Des femmes* lisant.

3.— Il ne faut pas confondre avec le participe présent certains *adjectifs* qui ont la même forme. Ainsi , l'on dit *un homme* OBLIGEANT, *une femme* OBLIGEANTE : ce ne sont pas des participes, parcequ'ils expriment une *qualité.* Mais, quand je dis : *Cette femme est d'un bon caractère,* OBLIGEANT *tout le monde quand elle peut,* OBLIGEANT est ici participe, puisqu'il exprime une *action,* et qu'il a un complément.

Participe PASSÉ.

4. — Le participe *passé* s'accorde ou avec son sujet ou avec son complément.

---

(1) *Participe* veut dire *qui prend sa part.*
(2) Il est évident que *éprouvée* est ici simplement adjectif, comme *amusante* dans *histoire amusante :* seulement, chacun de ces mots, *éprouvée* et *amusante,* vient d'un verbe.

CHAPITRE VI.

SIXIÈME ESPÈCE DE MOTS.

(Faites souligner les PARTICIPES.*)*

1. — Voyez ces contrées *couvertes* de bois épais ; voyez ces arbres *courbés, rompus, tombant* de vétusté.

Je les vois toujours ces scènes d'horreur et d'attendrissement qui s'offraient à mes regards : une nation entière *chassée* de ses foyers, *errant* au hazard chez des peuples *épouvantés* de ses malheurs ; des guerriers *couverts* de blessures, *portant* sur leurs épaules les auteurs de leurs jours ; des femmes *assises* par terre, *expirant* de faiblesse. Ici, des larmes, des gémissements ; là, une douleur muette, un silence effrayant.

(L'élève finira la phrase au FÉMININ *ou au* PLURIEL.*)*

2. — L'homme *pratiquant* la vertu. . . . La femme. —
    Le vent *soufflant* avec force. . . . . La bise. —
    Un enfant *jouant* sans cesse. . . . . Des enfants. —

(Faite distinguer les adjectifs des participes
PRÉSENTS.*)*

3. — Une mère *aimante.*	Une mère *aimant* ses enfants.
Des bruits *alarmants.*	Des bruits *alarmant* les esprits.
Des enfants *caressants.*	Des enfants *caressant* leur mère.
Des paroles *offensantes.*	Des paroles *offensant* la pudeur.
Une porte *battante.*	Une porte *battant* contre le mur.
Une posture *suppliante.*	Des esclaves *suppliant* un maître.
Une plainte *touchante.*	Des plaintes *touchant* le cœur.
Une pluie *fécondante.*	Une pluie *fécondant* la terre.
Une position *brillante.*	Une fleur *brillant* d'un vif éclat.
Une journée *intéressante.*	Une nouvelle *intéressant* le peuple.
Une plaie *saignante.*	Une plaie *saignant* beaucoup.

(Faites souligner et analyser les participes PASSÉS.*)*

4. — L'Amérique fut *découverte* en 1492.

L'Espagne est presque toujours *déchirée* par des guerres intestines.

Accord du Participe passé avec son sujet.

Première règle. Le participe passé, quand il est accompagné du verbe auxiliaire *être*, s'accorde en genre et en nombre avec son sujet, c'est-à-dire que l'on ajoute *e*, si le sujet est du féminin, et *s*, si le sujet est au pluriel (1).

Mon frère a été *puni.*	Ma sœur a été *puni* e (2).
Mes frères ont été *puni* s.	Mes sœurs ont été *puni* es.
Mon frère est *tombé.*	Ma sœur est *tombé* e.
Mes frères sont *tombé* s.	Mes sœurs sont *tombé* es.

5.— *Exception.* Dans les temps composés des verbes *réfléchis*, le participe ne s'accorde pas avec son sujet. On dit d'une femme : *Elle s'est* mis *cela dans la tête* (et non pas *mise*); *quelques païens se sont* donné *la mort*, et non pas *se sont donnés* (3).

6. — *Deuxième règle.* Mais quand le participe passé est accompagné du verbe auxiliaire *avoir*, il ne s'accorde jamais avec son sujet.

Mon père a *écrit.*	Ma mère a *écrit.*
Mes frères ont *écrit.*	Mes sœurs ont *écrit.*

On voit que le participe *écrit* ne change point, quoique le sujet soit du masculin ou du féminin, au singulier ou au pluriel.

---

(1) En d'autres termes : Le participe passé, seul ou joint au verbe *être*, est un véritable *adjectif.* Exemple : une chose *promise* est *due.*

(2) Le participe *été* n'a ni féminin ni pluriel. On dit : *elle a* été, *ils ont* été.

(3) Quand on dit *elle s'est* mis *cela dans la tête*, il est évident qu'elle ne s'est pas mise *elle-même*, mais qu'*elle a mis cela* dans sa tête. On dira bien : *Elle s'est* MISE au lit avec la fièvre; car elle a réellement mis *elle-même* dans le lit.

La France est *unie* à l'Espagne par les Pyrénées.

La politesse a toujours été *regardée* comme le charme de la société.

Il est rare que la curiosité ne soit pas *accompagnée* de l'indiscrétion.

Rome, ayant été *prise* par les Gaulois, fut *saccagée* et *réduite* en cendres.

Les lois sont *faites* pour tout le monde.

Mes amis, soyez *persuadés* qu'il n'y a pas d'offense si grande qui ne mérite d'être *pardonnée*.

Les terres sont *ensemencées* avant l'hiver.

Nos campagnes ont été *ravagées*, en 1814, par les troupes ennemies.

Les découvertes les plus précieuses sont *dues* presque toutes au hazard.

5. — Les hommes se sont *fait* des signes pour représenter leurs pensées (*ont fait* A EUX).

Soixante-onze rois se sont *succédé* sur le trône de France (*ont succedé* LES UNS AUX AUTRES).

Les anglais se sont trop souvent *attiré* la haine des Français (*ont attiré* A EUX).

6. — Dans tous les temps, les hommes ont *méprisé* le vice et *admiré* la vertu.

Les Français ont *élevé* un monument aux citoyens qui ont *péri* pour la liberté.

La boussole *a fourni* aux marins les moyens de diriger la marche des navires au milieu de l'Océan.

Le règne de Charlemagne *a commencé* en 768.

Henri IV *avait confié* à Sully l'administration des finances de son royaume.

Les Français *ont remporté* bien des victoires sous le commandement de Napoléon.

Les Portugais *ont devancé* les autres peuples dans la découverte des terres inconnues.

Les Arabes *ont possédé* l'Espagne pendant plus de sept cents ans, malgré les efforts des rois chrétiens ligués contre eux pour les chasser.

Christophe Colomb et ses compagnons *ont abordé* les premiers à Saint-Domingue.

Sous le commandement de l'amiral Nelson, les Anglais *ont gagné* la bataille navale d'Aboukir, dans la Basse-Egypte, le 1er août 1798.

Le 7 septembre 1831, les Russes ont pris d'assaut la ville de Varsovie, capitale de la Pologne.

Accord du Participe passé avec son complément.

7. — *Première règle.* Le participe passé s'accorde toujours avec son complément, quand ce complément est *avant* le participe.

> La lettre *que* vous avez *écrite*, je l'ai *lue*.
> Les livres *que* j'avais *prêtés*, on *les* a *rendus*.
> Quelle *affaire* avez-vous *entreprise?*
> Combien d'*ennemis* n'a-t-il pas *vaincus* (1)!

On voit que le complément mis devant le participe est ordinairement un des pronoms *que, me, te, se, le, la, les, nous, vous, quels.*

8. — *Deuxième règle.* Mais quand le complément n'est placé qu'*après* le participe, ce participe ne s'accorde pas avec son complément.

> J'ai *écrit* une lettre.   J'ai *écrit* des lettres.
> Vous avez *acheté* un livre.   Vous avez *acheté* des livres.

On voit que les participes *écrit, acheté*, ne changent pas, quoique le complément soit masculin ou féminin, au singulier ou au pluriel, parceque ce complément est *après* le participe.

9. — *Remarque.* On dit sans faire accorder : *Les vertus que j'ai* ENTENDU *louer, les vices que j'ai* RÉSOLU *d'éviter.* En effet, le pronom *que* n'est pas ici le complément des participes *entendu, résolu*, mais des infinitifs *louer, éviter.* Pour connaître si le complément dépend du participe, il faut voir si l'on peut mettre ce complément tout de suite après le participe. On ne peut pas dire ici : *j'ai entendu les vertus, j'ai résolu les vices;* mais *j'ai entendu louer... j'ai résolu d'éviter...*

-----

(1) Lorsque le participe *passé* est joint au verbe *avoir*, il est tantôt *adjectif* et tantôt verbe.

Adjectif, il varie ; *verbe*, il est invariable.

Pour savoir si le participe passé est *adjectif*, joignez-le au sub-

(Faites souligner et analyser les COMPLÉMENTS *et les* PARTICIPES.*)*

7. — Chérissez vos parents : ils *vous* ont *comblés* de bienfaits.

Aimez la patrie : les hommes de bien *l'*ont toujours *mise* au premier rang de leurs affections.

Turenne est l'un des plus grands capitaines et l'un des hommes les plus vertueux *que* la France ait *produits.*

Il ne voulait d'autre récompense des services *qu'*il avait *rendus* à la patrie que l'honneur de *l'*avoir *servie.*

Qu'elle est belle.la morale *que* le Christ a *prêchée !*

Les télégraphes *que* Chappe a *inventés* ont rendu les communications aussi promptes que faciles.

Les découvertes *que* les Anglais ont *faites,* les Français *les* ont *perfectionnées,* et réciproquement.

8. — C'est Gutenberg qui a *inventé* l'imprimerie.

On a *trouvé* des dents d'éléphant dans les carrières de Montmartre près de Paris.

Les bons écrivains ont *fixé* les règles du langage.

Les Anglais ont *découvert* une grande partie des îles de l'Océan.

Nous avons *compté* 103 lieues de Strasbourg à Paris.

Les Anglais ont *fait* usage des canons pour la première fois à la bataille de Crécy, en 1346.

Ma mère a *parcouru* la France du nord au sud, depuis Dunkerque jusqu'à Perpignan.

Les historiens ont *varié* sur la mort de Romulus, premier roi de Rome.

9. — La guerre ne se fait plus comme on l'a *vu* faire du temps de Louis XIV.

Les problèmes que le célèbre Pascal avait *donné* à résoudre aux savants de l'Europe, l'ont placé au premier rang des géomètres.

Les difficultés qu'on a *cherché* à vaincre devièuent plus faciles à surmonter.

J'ai été visiter les fortifications de Lille que j'avais *entendu* vanter.

---

stantif ou au pronom qui précède, en SUPPRIMANT TOUS LES MOTS QUI LES SÉPARENT. Si cette réunion *ne change pas le sens de la phrase,* le participe est *adjectif:* conséquemment il s'accorde. Ex. *Étudiez la leçon* (que je vous ai) *donnée.* Si nous supprimons les mots intermédiaires, il restera : *étudiez la leçon donnée.* (Voir mes *Nouveaux éléments de Grammaire française en* 48 *leçons.*

CHAPITRE VII.

SEPTIÈME ESPÈCE DE MOTS.

DE LA PRÉPOSITION.

1. — La PRÉPOSITION est un mot qui sert à joindre le substantif ou le pronom suivant au mot qui la précède : par exemple, quand je dis : *Le fruit* DE *l'arbre*, DE marque le rapport qu'il y a entre *fruit* et *arbre ;* quand je dis : *Utile* A *l'homme*, A fait rapporter l'adjectif *utile* au substantif *homme ;* quand je dis : *J'ai reçu* DE *mon père*, DE sert à joindre le substantif *père* au verbe *reçu*, etc. DE et A sont des prépositions : le mot qui suit s'appèle *complément* de la *préposition*.

Cette espèce de mot s'appèle *préposition* (1), parcequ'elle se met devant le mot qu'elle régit.

PRINCIPALES PRÉPOSITIONS.

Pour marquer la PLACE *ou le* LIEU.

2. — *A*. Attacher *à* la muraille.
Dans. Être *dans* la maison.
En. Voyager *en* Allemagne.
De. Sortir *de* la ville.
Chez. Être *chez* un ami.
Devant. Le berger marche *devant* le troupeau.
Après. Courir *après* quelqu'un.
Derrière. Se cacher *derrière* un mur.
Parmi. Cet officier fut trouvé *parmi* les morts.
Sur. Avoir son chapeau *sur* la tête.

---

(1) Il serait mieux de dire *prépositif*, ou, mieux encore, *préposé* c'est-à-dire, *placé avant*.

CHAPITRE VII.

SEPTIÈME ESPÈCE DE MOTS.

(*Faites souligner les* PRÉPOSITIONS.)

1. — L'aiguille *de* la boussole est toujours tournée *vers* le nord.

Quand vous avez les yeux fixés *sur* une carte *de* géographie, le nord est *en* haut, le midi *en* bas, l'est est *à* votre droite, et l'ouest *à* votre gauche.

La forme *de* la terre est ronde; mais cette espèce *de* boule est un peu aplatie *à* chacune *de* ses extrémités.

Cette forme et cet aplatissement ont été reconnus *par* des savants, qui ont été soit *à* un pôle soit *à* l'autre, jusque *sur* les mers *de* glace, ou bien *sous* la ligne, *dans* l'endroit où la terre reçoit les rayons les plus chauds *du* soleil. Ils se sont ainsi exposés *à* être gelés ou rôtis, *à* mourir *de* faim ou *de* soif, *dans* l'intérêt *de* la science.

(*Faites souligner le* COMPLÉMENT *de la* PRÉPOSITION.)

Le Volga, qui coule en *Russie,* est le plus grand fleuve de l'*Europe.*

L'éléphant est le plus intelligent de tous les *animaux.* Ne vous moquez pas de *lui* en sa *présence,* car il vous maltraiterait.

(*Faites souligner les prépositions de* LIEU.)

2. — Si je vais *à* Rome, j'irai voir le Capitole.

Le maréchal Lannes naquit *à* Lectoure, *dans* le département du Gers.

L'ennui est entré *dans* le monde par la paresse.

La modération trouve toujours à glaner *dans* le champ du bonheur.

En Espagne, on voit la misère rebutante *chez* les uns, la richesse orgueilleuse *chez* les autres.

Quand vous marchez, regardez toujours *devant* vous.

Les richesses ne sont desirables qu'*après* l'honneur et la santé.

Il y a plus de blessés *parmi* les fuyards que *parmi* les braves qui font face à l'ennemi.

On a replacé Napoléon *sur* la colonne de la place Vendôme.

Sous. Tout ce qui est *sous* le ciel.
Vers. L'aimant se tourne *vers* le nord.

*Pour marquer l'*ORDRE.

3. — *Avant.* La nouvelle est arrivée *avant* le courier.
Entre. L'été se trouve *entre* le printemps et l'automne.
Dès. Le Loiret est navigable *dès* sa source.
Depuis. Il y a, dit-on, 1656 ans *depuis* la création du monde jusqu'au déluge.

*Pour marquer l'*UNION.

4. — *Avec.* Manger *avec* ses amis.
Pendant. Pendant la guerre.
Durant. Durant la guerre.
Selon. Il faut se conduire *selon* la raison.
Suivant. On juge *suivant* la loi.

Pour marquer la SÉPARATION.

5. — *Sans.* Les soldats *sans* leurs officiers.
Outre. Compagnie de cent hommes, *outre* les officiers.
Hors. Tout est perdu, *hors* l'honneur.
Excepté. Tout est perdu, *excepté* l'honneur.

*Pour marquer l'*OPPOSITION.

6. — *Contre.* Plaider *contre* quelqu'un.
Malgré. Il est parti *malgré* moi.
Nonobstant. Il a fait cela *nonobstant* mes représentations.

Pour marquer le BUT.

7. — *Envers.* Soyez charitables *envers* les pauvres.

La Seine passe maintenant *sous* plus de vingt ponts à Paris.
La monarchie française fut fondée *vers* l'an 420.
Le prêtre, à l'autel, est tourné *vers* l'orient.

(*Faites souligner les prépositions d'*ORDRE.)

3. — Charlemagne a régné plus de mille ans *avant* Napoléon.
On a chargé l'ennemi *avant* l'ordre du général.
Le gris est *entre* le blanc et le noir.
La ville de Beauvais est *entre* Paris et Amiens.
Dès la plus tendre enfance, on doit s'attacher à ses devoirs.
L'homme dépend des autres *dès* sa naissance.
On fait usage de l'artillerie *depuis* l'année 1346.
On compte 33 lieues *depuis* Paris jusqu'à Laon : on en compte
220 *depuis* Paris jusqu'à Toulon.

(*Faites souligner les prépositions d'*UNION.)

4. — Pythagore disait : « Quand je suis *avec* mon ami, je ne
suis pas seul et nous ne sommes pas deux. »
Pour avoir le véritable repos, il faut être en paix *avec* Dieu,
avec les autres et *avec* soi-même.
La nature est comme en deuil *pendant* l'hiver.
Durant la guerre, les arts, l'industrie et le commerce souffrent
également.
Selon moi, il n'y a pas de verbes passifs en français.
Le sage se conduit *suivant* les maximes de la raison.

(*Faites souligner les prépositions de* SÉPARATION.)

5. — L'esprit *sans* jugement est dangereux.
Sans expérience et *sans* réflexion, on reste dans une enfance
perpétuelle.
La loi exige le paiement de toutes les dettes, *hors* les dettes
faites au jeu.
Il faut être toujours prêt à servir ses amis, *excepté* contre sa
conscience.

(*Faites souligner les prépositions d'*OPPOSITION.)

6. — Un soldat ne doit jamais se battre que *contre* les ennemis
de son pays.
Un travail assidu est un remède bien sûr *contre* l'indigence.
Il y a des gens dont il faut faire le bonheur *malgré* eux.
Il faut étudier avec persévérance, *malgré* les difficultés qu'on
éprouve.
La vérité se fait jour, *nonobstant* l'erreur et le mensonge.

(*Faites souligner les prépositions qui marquent le* BUT.)

7. — Soyons indulgents *envers* l'enfance.

Touchant. Il m'a écrit *touchant* cette affaire.
Pour. Étudiez *pour* votre instruction.

Pour marquer la CAUSE, *le* MOYEN.

8. — *Par.* Tout a été créé *par* la parole de Dieu.
Moyennant. J'espère *moyennant* la grace de Dieu.
Attendu. Le courier n'a pas pu partir, *attendu* le
mauvais temps.

CHAPITRE VIII.

HUITIÈME ESPÈCE DE MOTS.
DE L'ADVERBE.

1. — L'ADVERBE est un mot qui se joint ordinairement
au verbe, à l'adjectif et même à un autre adverbe, pour
en déterminer la signification (1). Quand on dit : *Cet
enfant parle* DISTINCTEMENT, par ce mot *distinctement,*
on fait entendre qu'il parle d'une manière claire.

2. — Il y a des adverbes qui marquent la *manière :*
ils sont presque tous terminés en *ment*, et se forment des
adjectifs, comme *sage-ment* de *sage*, *poli-ment* de
poli, agréable-ment d'*agréable, modeste-ment* de *mo-
deste.*

3. — Il y a d'autres adverbes qui marquent :
L'*ordre*, comme *premièrement, dabord, ensuite ;*
Le *lieu*, comme *où, ici, là ;*
Le *temps*, comme *hier, autrefois, souvent, toujours ,*
La *quantité*, comme *beaucoup, très, peu, assez ;*
La *comparaison*, comme *plus, moins, aussi, autant.*

---

(1) Il serait mieux de dire que l'adverbe (qu'on devrait appeler
modificatif, puisqu'il modifie le sens du mot près duquel il est placé)
sert à rendre d'une manière abrégée les idées qu'on ne pourrait, sans
cela, exprimer qu'à l'aide d'une préposition et de son complément,
simple ou composé.

Il faut toujours travailler *pour* le bien public.
Les hommes sont nés *pour* vivre en société.
Il faut savoir mourir *pour* la patrie.

(*Faites souligner les prépositions de* CAUSE *et de* MOYEN.)

8. — La citadelle de Lille a été construite *par* le maréchal de Vauban.

La ville de Dijon est remarquable *par* plusieurs monuments qui attirent l'attention des étrangers.

On achetait autrefois un bœuf *moyennant* six francs.

CHAPITRE VIII.

HUITIÈME ESPÈCE DE MOTS.

(*Faites souligner les* ADVERBES.)

1. — L'homme de bien est *trop* confiant : il *ne* peut *pas* croire au mal.

La fameuse cloche appelée George d'Amboise, à Rouen, était une des *plus* belles du monde : elle pesait 20,000 kilogrammes. Elle fut brisée en 1793.

L'homme croit *aisément* ce qu'il craint ou ce qu'il desire.

(*Faites souligner et analyser les* ADVERDES.)

2. — Répondez *poliment;* regardez *modestement.*

Les enfants prétendent presque toujours qu'on les punit *injustement.*

N'agissez pas trop *légèrement.*

Ce que l'on conçoit bien s'énonce *clairement,*
Et les mots, pour le dire, arrivent *aisément.*

(*Demandez ce que* MARQUE *chaque adverbe.*)

3. — Il y a deux choses sur lesquelles les hommes n'entendent pas raillerie : *premièrement* l'amour-propre, *ensuite* le bonheur.

Dabord il faut éviter le mal, *ensuite* il faut faire le bien.

Savez-vous *où* Napoléon est mort? — A Sainte-Hélène.

Autrefois on ne connaissait pas l'usage de la vapeur.

Les enfants parlent *beaucoup* et réfléchissent *peu.*

L'Europe est *moins* grande que l'Asie.

La Seine n'est pas *aussi* rapide que le Rhône.

Néron, empereur romain, était *excessivement* méchant.

Parler *peu* et manger *peu* ne fait *jamais* de mal.

La lune est *moins* éloignée de la terre que le soleil.

4. — *Remarque.* Certains adjectifs *sont* quelquefois employés comme adverbes. On dit : Chanter *juste*, parler *bas*, voir *clair*, rester *court*, frapper *fort*, sentir *bon*, etc. (1).

CHAPITRE IX.

NEUVIÈME ESPÈCE DE MOTS.

DE LA CONJONCTION (2).

Remarque. On a vu jusqu'à présent comment les mots se joignent ensemble pour former un sens : les mots ainsi réunis font une *phrase* ou *proposition*. La plus petite proposition doit avoir au moins deux mots, le sujet et le verbe, comme *je chante, vous lisez, l'homme meurt*. Souvent le verbe a un complément, comme *je chante* un air, *vous lisez* une lettre, etc.

La conjonction est un mot qui sert à joindre un mot à un autre mot, comme *mon père* et *ma mère*, ou bien une proposition à une autre, comme quand on dit : *Il pleure* et *il rit en même temps*. Ce mot *et* lie la première proposition *il pleure* avec la seconde *il rit*.

Il y a un grand nombre de conjonctions : l'usage seul

---

(1) Il est évident que ceci est une abréviation de langage, car rien n'empêcherait de dire : *chanter* justement, *voir* clairement, *frapper* fortement. L'autre manière de parler est, au fond, assez bizarre, et d'autant plus fâcheuse, qu'elle donne souvent lieu à des incorrections. C'est ainsi que nous entendons dire : *Celle fleur sent* bonne; *J'ai pris celle bille trop* fine, etc.

(2) Il serait mieux de dire *conjonctif.* — La conjonction est le résultat de l'emploi du conjonctif.

4. — Cette personne chante *très juste :* malheureusement, elle resta *court* au milieu de son grand air.

Des secours sont payés bien *cher,* lorsqu'il faut qu'on les mendie.

N'affectez jamais de parler *bas ;* mais gardez-vous de parler trop *haut.*

CHAPITRE IX.

NEUVIÈME ESPÈCE DE MOTS.

(*Faites souligner les* CONJONCTIONS.)

1. — La terre est divisée en cinq parties : l'Europe, l'Asie, l'Afrique, l'Amérique *et* l'Océanie.

Un sage a dit *que* l'instruction est un trésor, *et que* le travail en est la clé.

Il y a quatre saisons : le printemps, l'été, l'automne *et* l'hiver.

On veut toujours son bien, *mais* on ne le voit pas toujours.

Il ne convient à personne de se glorifier de sa naissance, *ni* d'en avoir honte.

Évitez l'oisiveté, *parcequ*'elle est la mère de tous les vices.

L'agriculture *et* le commerce sont également utiles dans un État; *car* l'une nourrit les habitants *et* l'autre les enrichit.

Les miroirs ont une origine fort ancienne; *mais* les vrais miroirs, ceux de verre étamé, ne furent connus qu'au treizième siècle.

Toricelli, inventeur du baromètre, publia son invention en 1646, *et* d'autres physiciens la perfectionnèrent après lui.

Qui ne sait être *ni* père, *ni* mari, *ni* fils, *ni* ami, n'est pas homme de bien.

Au commencement du dix-septième siècle, les fusils furent substitués à l'arquebuse *et* au mousquet.

Le thé est un arbuste toujours vert, qui croît à la Chine *et* au Japon.

Il est plus beau de se vaincre soi-même *que* de vaincre ses ennemis.

Le vent est plus ou moins froid, *selon qu*'il nous vient du nord *ou* du sud.

peut les faire connaître. La plus ordinaire est *que.*

On distingue la conjonction *que* du *que* relatif, en ce qu'elle ne peut pas se tourner par *lequel, laquelle.* Ainsi, *que* est conjonction dans *il faut* QUE vous *obéissiez,* parcequ'on ne peut pas dire *il faut* LEQUEL OU LAQUELLE.

CHAPITRE X.

DIXIÈME ESPÈCE DE MOTS:

DE L'INTERJECTION.

L'INTERJECTION est un mot dont on se sert pour exprimer un sentiment de l'ame, comme la joie, la douleur, etc.

La joie : *Ah! Bon!*
La douleur : *Aie! Ah! Hélas! Ho! Ouf!*
La crainte : *Ha! Hé!*
L'aversion : *Fi! Fi donc!*
L'admiration : *Ah! Ho!*
Pour encourager : *Çà! Allons! Courage!*
Pour appeler : *Holà! Hé!*
Pour faire taire : *Chut! Paix! Silence!*

REMARQUES PARTICULIÈRES

SUR CHAQUE ESPÈCE DE MOTS.

SUBSTANTIF.

1. — Quand un substantif est composé (1) de deux

---

(1) Il serait bien à desirer que tous ces mots *composés* fussent réduits à l'état des mots *simples* : ils suivraient la règle générale du pluriel. On écrirait des *portecrayons,* des *tirelignes,* des *contrecoups,* comme on écrit des *soucoupes,* des *gendarmes,* des *lieutenants,* etc.

(Faites distinguer la CONJONCTION *du* RELATIF.*)*

Il faut *que* tu choisisses pour ton ami l'homme *que* tu connais pour être le plus vertueux.

N'allez pas croire *que* ce *que* j'ai dit est vrai : cela n'était qu'une simple plaisanterie.

Je vous ai déjà dit *que* la girafe *que* vous avez vue au Jardin des Plantes vient de l'Afrique.

CHAPITRE X.

DIXIÈME ESPÈCE DE MOTS.

(Faites souligner les INTERJECTIONS, *et demandez ce qu'elles* EXPRIMENT.*)*

Ah! que les criminels éprouvent de tourments! (*Douleur.*)

Silence! messieurs : on ne parle pas en classe. (*Silence.*)

Allons! défendons-nous, mais n'attaquons personne. (Pour *encourager.*)

Chut! sachez que la raillerie est toujours indécente. (*Silence.*)

Ah! qu'il est doux, après un long exil, de revoir sa patrie! (*Joie.*)

Courage! camarades : nous surmonterons tous les obstacles. (Pour *encourager.*)

Fi! un homme peut-il se déshonorer ainsi! (*Aversion.*)

Tout homme qui crie : « *Holà!* suivez-moi, je vais vous conduire », entraîne après lui la multitude. (Pour *appeler.*)

Paix! il n'y a qu'un sot qui puisse se vanter ainsi. (*Silence.*)

DES SUBSTANTIFS COMPOSÉS.

(Dictez le SINGULIER : *l'élève écrira le* PLURIEL.*)*

1. — SING. Un chef-lieu.	PLUR. Des chef *s* - lieu *x*.
Un chien-loup.	Des chien *s* · loup *s*.
Un laurier-rose.	Des laurier *s* - rose *s*.
Un chou-fleur.	Des chou *s* - fleur *s*.
De l'eau-forte.	Des eau *x* - forte *s*.

substantifs ou d'un substantif et d'un adjectif, ils prènent tous les deux la marque du pluriel. Exemple : un *arc-boutant,* des *arcs-boutants.*

2.—Quand il est composé de deux substantifs unis par une préposition, on ne met la marque du pluriel qu'au premier des deux substantifs. Exemples : Un *chef-d'œuvre,* des *chefs-d'œuvre;* un *arc-en-ciel,* des *arcs-en-ciel.*

3. — Quand il est composé d'une préposition et d'un substantif, ou bien d'un verbe et d'un substantif, le substantif seul prend la marque du pluriel. Exemples : Un *entre-sol*, des *entre-sol*s, un *garde-fou*, des *garde-fou*s (1).

4. — Le mot *personne*, substantif indéfini, est du masculin. On dit : *Je ne connais personne plus* HEUREUX *que lui.* Mais *personne,* substantif défini, est du féminin : CETTE *personne est très* HEUREUSE (2).

ADJECTIF.

1. — *Cent* au pluriel, et *vingt* dans quatre-*vingts,* prènent un *s* quand ils ne sont pas suivis d'un autre adjectif de nombre. Exemple : *deux cent*s hommes, *quatre-vingt*s *volumes.*

Pour la date des années, on écrit *mil.* Exemple : *L'hiver fut très rigoureux en* mil *sept cent neuf.* Partout ailleurs, on écrit *mille,* qui ne prend jamais *s : deux* mille *hommes* (3).

2. — On dit : Une *demi-heure,* une *demi-livre.* Ce

---

(1) Ce n'est pas une faute d'écrire *entresol, gardefou.*

(2) Le substantif *personne* est défini lorsqu'il est précédé d'un article ou d'un adjectif déterminatif : LA *personne,* CETTE *personne.*

(3) Il faut distinguer *mille*, adj. de nombre, du substantif *mille,* qui signifie mille pas, comme dans : *Trois milles font environ une lieue.*

Un beau-père.	Des beau *x* - père *s*.
Un petit-maître.	Des petit *s* - maître *s*.
Un chat-huant.	Des chat *s* - huant *s*.

2. — Un aide-de-camp. / Des aide *s* - de - camp.
Un pot-de-vin. / Des pot *s* - de - vin.
Un ciel-de-lit. / Des ciel *s* - de - lit.
Une femme-de-chambre. / Des femme *s* - de - chambre.
Du blanc-de-baleine. / Des blanc *s* - de - baleine.
Un pied-d'alouette. / Des pied *s* - d'alouette.

3. — Un contre-coup. / Des contre-coup *s*.
Un sous-lieutenant. / Des sous-lieutenant *s*.
Une arrière-boutique. / Des arrière-boutique *s*.
Un porte-crayon. / Des porte-crayon *s*.
Un garde-malade. / Des garde-malade *s*.
Un abat-jour. / Des abat-jour *s*.

(Faites souligner et ANALYSER *les mots qui font l'objet de
la règle.)*

4. — Il n'est *personne* qui ne soit *exposé* à avoir des ennemis
(et non pas *exposé*e).

Les *personnes* sensibles ont en *elles* les semences de tous les
sentiments généreux (et non pas *eux*).

Personne n'a jamais été *comparé* à La Fontaine pour la naïveté, ni à Racine pour l'élégance (et non pas *comparé*e).

Cette *personne* est bien *affligée* : elle vient d'apprendre la
mort de son père.

1. — Il n'y a pas un roi de France qui ait vécu jusqu'à l'âge de
quatre-vingt s ans.

Saint Louis fonda l'hospice des *Quinze-Vingt* s pour *trois cent* s
gentilshommes à qui les Sarrazins avaient fait crever les yeux.

Moscou est à *six cent* s lieues de Paris.

Napoléon vainquit les Autrichiens à Marengo en *mil* huit cent.

L'invention de l'imprimerie date de l'année *mil* quatre cent
quarante.

2. — Il faut trente secondes pour une *demi-minute*.

Une *demi-pistole* vaut cinq francs.

La girafe a treize pieds et *demi* de haut.

La *demi-aune* valait vingt-deux pouces, ou environ soixante-
un centimètres.

Une *demi-fortune* ne suffit pas à l'ambitieux.

Une *demi-livre* valait huit onces : par conséquent, il fallait
vingt-quatre onces pour faire une livre et *demie*.

Une *demi-heure* est égale à trente minutes.

mot *demi* ne change pas quand il est devant le substantif; mais dites : Une heure et *demie*, une livre et *demie*. Quand le mot *demi* est après le substantif, il en prend le genre (1).

3. — Il ne faut pas se servir de l'adjectif *son, sa, ses, leur, leurs,* mis pour un substantif de *chose,* à moins que ce substantif ne soit exprimé dans le même membre de phrase. Ainsi ne dites pas : *Paris est beau, j'admire* ses *bâtiments;* mais dites : J'en *admire les bâtiments.*

On emploie bien *son, sa, ses,* etc., pour un substantif de *chose,* quand ce substantif est exprimé dans le même membre de phrase. Ainsi, on dit bien : *La Seine a* sa *source en Bourgogne* (2).

4. — *Tout,* mis pour *quoique, entièrement,* ne change point de nombre devant un adjectif au masculin. Ainsi dites: *Les enfants,* tout *aimables qu'ils sont, ne laissent pas d'avoir bien des défauts.*

Tout ne change ni de genre ni de nombre devant un adjectif au féminin, qui commence par une voyelle ou par un *h* muet. Ainsi dites : *Ces images,* tout *amusantes qu'elles sont, ne me plaisent pas.*

Mais, si l'adjectif au féminin commence par une consonne ou par un *h* aspiré, alors on met *toute.* Exemple : *Cette image,* toute *jolie qu'elle est, ne me plaît pas.* — *Ces images,* toutes *belles qu'elles sont, ne me plaisent pas* (3).

5. — *Quelque... que* s'écrit de trois manières :
1° S'il y a un adjectif entre *quelque* et *que,* alors

---

(1) Il est bien entendu que *demi* ne se met jamais au pluriel. Ainsi on écrira *deux livres et demie.*

(2) Cependant, quoique le substantif de chose ne soit pas dans la même phrase, on se sert bien de *son, sa, ses,* quand il est régi par une préposition, comme : *Paris est beau : j'admire la grandeur* de ses *bâtiments.* (J'avoue que je supprimerais de grand cœur toutes ces distinctions, aussi inutiles qu'embarrassantes.)

Henri IV fut assassiné à trois heures et *demie* du soir, dans la rue de la Ferronnerie, à Paris.

On appèle *demi-lune* un ouvrage en triangle, dans le dehors d'une place de guerre, au-devant d'une courtine.

(*Faites rendre compte de la* RÈGLE *dans les phrases suivantes.*)

3. — Quand on est dans un pays, il faut *en* suivre l'usage (et non pas : Suivre *son* usage).

Qui peut lire l'Évangile sans *en* trouver la morale sublime (et non pas : Sans trouver *sa* morale sublime)?

Néron, bourreau de Rome, *en* était l'histrion (et non pas : Était *son* histrion).

Jésus-Christ mourut pour rendre témoignage à la vérité : il *en* fut le premier martyr (et non pas : Il fut *son* premier martyr).

L'Oise a *sa* source dans la forêt de Saint-Michel.

Chaque travail a *sa* fatigue.

Une bonne action trouve toujours *sa* récompense.

L'étude a *ses* douceurs.

La France doit être fière de *ses* grands hommes.

4. — La chouette ne pond que trois œufs, *tout* blancs, *tout* ronds, et gros comme ceux d'un pigeon ramier.

Tout grands que soient les rois, que sont-ils sans la justice?

Tout admirables, *tout* étonnantes qu'étaient les qualités militaires de Charles XII, roi de Suède, on ne peut s'empêcher de blâmer sa témérité.

Tout affreuses, *tout* horribles que furent les cruautés de Tibère, elles n'égalèrent pas celles de Néron.

La terre est *toute* fendue durant une longue sécheresse.

Les négresses aiment les robes *toutes* blanches.

L'ame demeure *toute* surprise et *toute* stupéfaite à la vue des grandes scènes de la nature.

Toutes grandes, *toutes* peuplées que soient nos villes, elles le sont beaucoup moins que celles de la Chine.

5. — *Quelque* puissants, *quelque* élevés que soient les rois, ils sont ce que nous sommes.

Quelque grands que fussent les généraux athéniens, l'exil était souvent leur récompense.

---

(3) Dans ces différents cas, *tout*, étant *adverbe*, devrait TOUJOURS être *invariable*. Ainsi, j'écrirais très bien : *Elles sont* tout *consolées du départ de leur père* (c'est-à-dire *tout-à-fait*, entièrement consolées).

quelque ne prend jamais *s* à la fin. Ex. : *Les rois,* QUEL-QUE *puissants qu'ils soient, ne doivent pas oublier qu'ils sont hommes.*

2° S'il y a un substantif entre *quelque* et *que,* alors on met *quelque* au même nombre que le substantif. Ex. : QUELQUES *richesses que vous ayez, vous ne devez pas en être orgueilleux.*

3° Si *quelque* est suivi d'un verbe, alors il faut écrire en deux mots séparés *quel que* ou *quelle que, quels que* ou *quelles que.* Ex. : QUELLE QUE *soit votre force,* QUELLES QUE *soient vos richesses, vous ne devez pas en être orgueilleux.* — *Votre puissance,* QUELLE QU'*elle soit, ne vous donne pas le droit de mépriser les autres.*

PRONOM.

1. — Il faut distinguer l'ADJECTIF *le, la, les,* du PRO-NOM *le, la, les.* L'*adjectif* est toujours suivi d'un sub-stantif : *Le* frère, *la* sœur, *les* hommes ; au lieu que le *pronom* est toujours joint à un verbe, comme : *Je* LE *connais, je* LA *respecte, je* LES *estime.*

2. — Le pronom *le* ne prend ni genre ni nombre quand il tient la place d'un adjectif ou d'un verbe. Par exemple, si l'on disait à une femme : *Madame, êtes-vous malade ?* il faudrait qu'elle répondît : *Oui je* LE *suis,* et non pas *je* LA *suis,* parceque *le* tient la place de l'adjectif *malade.* — *On doit s'accommoder à l'humeur des autres autant qu'on* LE *peut.* Je mets *le,* parcequ'il tient la place du verbe *s'accommoder* (1).

3. — *Qui* relatif est toujours de la même personne que son *antécédent.* Ainsi, il faut dire : *Moi* QUI AI *vu*,

---

(1) Le pronom *le* suit la règle d'accord, lorsqu'il tient la place d'un *substantif.* Ex. : Etes-vous la mère de cet enfant ? — Je LA suis. (Le pronom *la* remplace ici le substantif *mère.*)

Quelque méchants que soient les hommes, ils n'osent point paraître ennemis de la vérité.

Quelques crimes toujours précèdent les grands crimes.

Quelques services que vous rendiez à un ingrat, c'est un serpent que vous réchauffez dans votre sein.

Quelques trésors que nous possédions, nos desirs ne sont jamais satisfaits.

Quelle que soit leur expérience, les hommes peuvent toujours se laisser égarer.

Quelle que fût la force du lion, il se laissa vaincre par un moucheron.

Votre instruction, *quelle qu'elle* soit, n'en soyez point orgueilleux.

Tout homme, *quel qu'il* soit, doit avoir un état, et faire quelque chose d'utile, soit pour lui-même soit pour ses concitoyens.

(Demandez si LE *est* adjectif *ou* pronom.*)*

1. — Comment un autre pourra-t-il garder notre secret si nous ne pouvons pas *le* garder nous-mêmes ?

On prétend que *le* bien est plus ancien dans *le* monde que *le* mal : *le* croyez-vous?

Si tu achètes *le* superflu, tu vendras bientôt *le* nécessaire.

(Demandez pourquoi LE *est invariable.*)

2. — Les Italiens passent pour être vindicatifs : on dit même qu'ils *le* sont à l'excès.

Quand on demandait à Cornélie, mère des Gracques, si elle était riche, elle répondait : Je *le* suis; et elle montrait ses enfants, qu'elle appelait ses bijoux et ses richesses.

Germanicus dit à ses soldats mutinés : Êtes-vous Romains ? — Nous *le* sommes, répondirent-ils.

Les mathématiques sont bien plus difficiles à étudier que je *le* croyais.

La terre, naturellement fertile, *le* serait bien davantage, si elle était mieux cultivée.

*(Faites rendre compte de la règle d'*ACCORD.*)*

3. — J'ai bien le droit de vous reprendre, moi qui *suis* votre maître (et non pas Qui *est*).

C'est vous, hypocrites, qui *prêchez* la vertu et qui la *pratiquez* le moins (et non pas *prêchent, pratiquent*).

Nous ne verrons pas les plus grands progrès de l'industrie, nous qui *sommes* déjà vieux (et non pas Qui *sont*).

vous QUI AVEZ *vu*, *nous* QUI AVONS *vu*, etc. Retranchez *qui*, il reste : *vous.,. avez vu; nous... avons vu* (1).

Qui, précédé d'une préposition, ne se dit jamais des choses, mais seulement des personnes, ou des choses personnifiées. Ainsi, ne dites pas : *Les sciences* A QUI *je m'applique*, mais AUXQUELLES *je m'applique*. On dira bien : *Le travail* A QUI *je dois la vie fut mon sauveur*.

4.— *Ce*, devant le verbe *être*, veut ce verbe au singulier, excepté quand il est suivi de la troisième personne du pluriel. On dit : C'EST *moi*, C'EST *toi*, C'EST *lui*, C'EST *nous*, C'EST *vous qui;* mais il faut dire : CE SONT *eux*, CE SONT *elles*, CE SONT *vos ancêtres qui ont bâti cette maison* (2).

5. — *Ceci, celui-ci* désignent un objet plus proche; *cela, celui-là* désignent un objet plus éloigné. — C'est pour cela que *celui-ci* s'emploie pour la personne dont on a parlé en dernier lieu, et *celui-là* pour la personne dont on a parlé en premier lieu. *Ex. : Les deux philosophes Héraclite et Démocrite étaient d'un caractère bien différent :* CELUI-CI (Démocrite) *riait toujours,* CELUI-LA (Héraclite) *pleurait sans cesse.*

VERBE.

1. — Le sujet, soit substantif soit pronom, se place après le verbe quand on interroge. Exemples : *Que penseront de vous* LES HONNÊTES GENS, *si vous n'êtes pas sage? Irai-*JE*? Viendras-*TU*? Est-*IL *arrivé?*

Le sujet se met encore après le verbe quand on rapporte les paroles de quelqu'un. *Je me croirai heureux, disait* UN BON ROI, *quand je ferai le bonheur de mes sujets* (3).

2. — Quand le verbe qui précède *il, elle, on,* finit par

---

(1) A la rigueur, on justifierait ainsi cette phrase : *Nous qui* ONT *vu*, c'est-à-dire : *Nous* (les hommes) *qui* ONT *vu.*

(2) Il serait beaucoup plus régulier de dire toujours *c'est*, puisque *ce*, mis pour *cela*, est le sujet du verbe.

(3) La phrase directe serait ainsi conçue : *Un bon roi disait :* Je me croirai heureux....., etc.

Nous pouvons parler des hauts faits de Napoléon, nous qui *avons* servi sous son commandement (et non pas Qui *ont*).

De tous les attributs de la Divinité, la bonté est celui sans *lequel* on peut le moins la concevoir (et non pas Sans *qui*).

Il y a deux choses *auxquelles* il faut bien s'accoutumer : les injures du temps et les injustices des hommes (et non pas A *qui*).

Le siége de la citadelle d'Anvers, *auquel* nous avons assisté, a duré dix-sept jours (et non pas A *qui*).

4. — Les astronomes, qui prétendent connaître la nature des étoiles fixes, assurent que *ce sont* autant de soleils (et non pas *C'est*).

Ce sont les labeurs du paysan qui assurent la subsistance du riche (et non pas *C'est*).

Ce sont la justice et la bonté de Louis XII qui l'ont rendu digne du surnom de *Père du peuple* (et non pas *C'est*).

Nous portons en nous-mêmes nos plus grands ennemis : *ce sont* nos passions (et non pas *C'est*).

5. — Voyez l'âne et le cheval : *celui-ci* porte la tête haute, *celui-là* la tient toujours baissée.

Il faut avoir une santé robuste et une fortune suffisante : mais *celle-ci* est moins nécessaire que *celle-là*.

Victor est l'aîné, Émile est le plus jeune : *celui-là* a quatorze ans, *celui-ci* n'en a que onze.

L'opulence et le repos sont à une si grande distance l'un de l'autre, que, plus on approche de *celui-ci*, plus on s'éloigne de *celle-là*.

(*Faites souligner le* VERBE *et le* SUJET.)

1. — De quoi l'ESPRIT de l'homme ne *vient-*IL pas à bout? (1) *Avez-*vous déjà vu fabriquer des épingles?

Que *deviènnent* tous les PLAISIRS de la vie comparés avec les douceurs de l'étude!

Je ne suis pas plus redevable à Philippe, mon père, *disait* ALEXANDRE, qu'à Aristote, mon précepteur : si je dois à l'un la vie, je dois à l'autre la vertu et les talents.

O science, *disait* PLATON, si l'on te connaissait, que tu serais aimée !

2. — Napoléon n'a-*t*-il pas été vainqueur à la bataille d'Austerlitz? — Oui.

Faudra-*t*-il vous raconter ses victoires?

Aime-*t*-on jamais ceux que l'on craint ?

Que dira-*t*-on des hommes qui ont voulu exploiter leurs semblables?

---

(1) Remarquez qu'ici il y a *deux* sujets, *esprit* et *il*.

une voyelle, on ajoute un *t* devant *il, elle, on.* Exemple : *Appèle-t-il? Viendra-t-elle? Aime-t-on les paresseux* (1)?

3. — On ne doit se servir du passé *défini* qu'en parlant d'un temps absolument écoulé, et dont il ne reste plus rien. Ainsi, ne dites pas : J'ÉTUDIAI *aujourd'hui, cette semaine, cette année,* parceque aujourd'hui, la semaine, l'année, ne sont pas encore passés; mais on dit bien : J'ÉTUDIAI *hier, la semaine dernière, l'an passé,* etc.

4. — Le passé *indéfini* s'emploie indifféremment pour un temps passé, soit qu'il en reste encore une partie à écouler ou non. On dit bien : J'AI ÉTUDIÉ *ce matin, hier, cette semaine, la semaine passée,* etc.

5. — A quel temps du subjonctif faut-il mettre le verbe qui suit la conjonction *que,* quand elle régit ce mode?

1ʳᵉ *règle.* — Quand le premier verbe est au *présent* ou au *futur* de l'indicatif, mettez le second verbe au *présent* du subjonctif.

Il faut. . . . .
Il faudra. . . . } que vous *soyez* plus attentifs.

2ᵉ *règle.* — Quand le premier verbe est à l'un des temps *passés* de l'indicatif, ou au *conditionnel,* mettez le second verbe au *passé imparfait* du subjonctif.

Il fallait. . . .
Il fallut. . . .
Il a fallu. . . .
Il eût fallu.. . } que vous *fussiez* plus attentifs (2).
Il faudrait. . .
Il aurait fallu..

---

(1) L'addition du *t* et du *s* euphoniques explique, sans les justifier, les fautes suivantes : *donne-moi-z-en;* — *il va-t-en ville.* Notre langage est plein d'hiatus qui blessent notre oreille. Pourquoi donc s'étonner que nous cherchions à en adoucir la rudesse ?

Êtes-vous Français, me demanda-*t*-il? — Oui. — En ce cas, répliqua-*t*-il, vous devez comprendre les mots *gloire* et *liberté*.

(Faites rendre compte de la RÈGLE.)

3. — L'empereur romain Titus disait, à la fin d'un jour qu'il n'avait pu signaler par aucun bienfait : Mes amis, *j'ai perdu* ma journée.

Nous avons vu, ce matin, un patineur disparaître sous la glace.

Nous avons eu le regret de ne pas pouvoir le sauver.

On peut dire que cette année-ci *a été* plus favorable aux vignerons ; mais on *a récolté* une grande abondance de blé.

4. — Les Romains *ont triomphé* des nations les plus belliqueuses.

Les hommes qui *ont rendu* le plus de services à leur patrie *ont été* presque toujours funestes à la liberté.

Les arts et la philosophie *ont servi* à éclairer le monde.

Henri IV *a assiégé* Paris et n'*a* pas *pu* s'en emparer.

5. — *Il faut* que celui qui parle *se mette* à la portée de ceux qui l'écoutent.

Croyez-vous que l'on *puisse* devenir savant sans étudier?

Il faudra qu'un jour tous les préjugés qui nous environnent encore *fassent* place à la raison et à la vérité.

Turenne refusa la marchandise qu'on lui offrait à crédit : « Je *craindrais*, disait-il au marchand, que tu n'en *perdisses* une partie, si je venais à mourir. »

Les Romains ne *voulaient* point de victoires qui *coûtassent* trop de sang.

Il *faudrait* qu'il n'y *eût* ni extrême misère ni richesses extrêmes.

Après la mort de l'empereur Claude, les Romains *prièrent* les dieux qu'un bon prince *vînt* fermer les plaies de l'État.

Ils ne *pensaient* pas que Néron *dût* surpasser les cruautés de ses prédécesseurs.

Je *voudrais* que le peuple *comprît* bien l'utilité des inventions et des machines.

---

(2) Si vous voulez exprimer un passé par rapport au premier verbe, mettez le second verbe au *plusqueparfait* du subjonctif. Ainsi dites: *Pour obtenir les honneurs du triomphe chez les Romains,* il fallait *qu'on* eût tué *cinq mille ennemis.*

PRÉPOSITION.

1. — Ne confondez pas *autour de* et *alentour*. — *Autour de* est une préposition composée, qui est toujours suivie d'un complément : AUTOUR D'*un trône*. — *Alentour* n'est qu'un adverbe, et il n'a point de complément : *Il était sur son trône, et ses fils étaient* ALENTOUR.

2. — Ne confondez pas *avant* et *auparavant*. — *Avant* est une préposition, et elle est toujours suivie d'un complément : AVANT *l'âge*, AVANT *le temps*. — *Auparavant* n'est qu'un adverbe, et il n'a point de complément : *Ne partez pas si tôt : venez me voir* AUPARAVANT.

3. — On dit *au travers de*, mais on ne dit pas *à travers* DE. Ne confondez donc pas ces deux prépositions. Ainsi, vous direz : *Il a passé* AU TRAVERS DES *ennemis*, et *Il a passé* A TRAVERS *les ennemis*.

4. — Ne confondez pas la préposition *près de*, qui signifie *sur le point de*, avec l'expression *prêt à*, qui signifie *disposé à*. On ne dit donc point : *Il est* PRÊT A *tomber*, mais *Il est* PRÈS DE *tomber*.

5. — Ne confondez pas A *la campagne* et EN *campagne*. Cette dernière expression ne s'emploie que pour parler du mouvement des troupes ou des démarches que l'on fait : *L'armée est* EN CAMPAGNE; *je me suis mis* EN CAMPAGNE; mais il faut dire : *J'ai passé l'été* A LA CAMPAGNE.

ADVERBE.

1. — On ne dit pas *davantage de*, ni *davantage que*. Ainsi, ne dites jamais : *Il a* DAVANTAGE DE *brillant* QUE DE *solide*, mais PLUS DE *brillant*. On ne dit pas non plus : *Il se fie à ses lumières* DAVANTAGE QU'*à celles des autres*, mais *il se fie à ses lumières* PLUS QU'*à celles des autres*.

Davantage ne peut s'employer que comme adverbe, à la fin d'une proposition. Exemple : *La science est estimable, mais la vertu l'est bien* DAVANTAGE.

(Faites rendre compte de la RÈGLE *dans les phrases suivantes.)*

1. — Les planètes sont des corps opaques qui tournent *autour du* soleil.

Il se répand *autour du* trône un certain nuage de grandeur qui empêche que la vérité parviène jusqu'aux princes.

La même puissance qui multiplie les flatteurs *autour des* rois y rend aussi les amis plus rares.

2. — La tortue arriva au but *avant* le lièvre.

Marius fut sept fois consul : ce qui n'était jamais arrivé *auparavant.*

La grêle n'est autre chose que de la pluie qui est cristallisée *avant* d'arriver sur la terre.

Attendez que la digestion soit faite, *avant* d'aller au bain.

L'éclair brille *avant* que le tonnerre se fasse entendre.

3. — Un grand cœur se fait jour *au travers* DES périls (et non pas *à travers* DES).

Les femmes ne doivent rien voir qu'*à travers* LE voile de la modestie.

Le génie et la vertu marchent *à travers* LES obstacles.

4. — On ne connaît souvent l'importance d'une chose que quand on est *près de* l'exécuter (et non pas *prêt à*).

Un soldat doit toujours être *prêt à* obéir.

Au mois d'octobre, les beaux jours sont bien *près de* finir.

5. — Il est agréable de passer la belle saison *à la campagne.*

Napoléon s'est souvent mis *en campagne* au commencement de l'hiver.

On disait dernièrement que les troupes devaient se mettre bientôt *en campagne.*

Mettez-vous *en campagne* pour me trouver dix mille francs.

On se porte mieux à *la campagne* qu'à la ville.

1. — Les Romains ont remporté *plus de* victoires que les Grecs (et non pas *davantage de*).

Ceux qui souhaitent du bien aux autres sont souvent *plus* généreux *que* ceux qui en font.

L'homme qui est le *plus* propre à remplir une place, et qui en est le *plus* digne, n'est pas toujours celui qui l'obtient.

Rien n'approche *plus* un homme de la Divinité *que* la bienfesance.

On peut bien dire que les livres où il y a *plus de* brillant *que de* solide sont maintenant à la **mode chez** nous.

Il faut être *plus* grand pour pardonner une injure *que* pour s'en venger.

CONJONCTION.

1. —Il faut dire : *C'est* EN *Dieu* QUE *nous devons mettre notre espérance*, et non pas *C'est* EN *Dieu* EN QUI ; — *C'est* A *vous-même* QUE *je veux parler*, et non pas *C'est* A *vous* A QUI : c'est-à-dire qu'il ne faut pas répéter la préposition. Mais on peut très bien dire : *C'est Dieu* EN QUI *nous devons mettre notre espérance ;* — *C'est vous* A QUI *je veux parler.*

COMPLÉMENT.

1.—RÈGLE. — Un substantif ne peut pas être tout à la fois complément d'un verbe et d'une préposition. Ainsi, on ne peut pas dire : *Cet officier* ATTAQUA *et s'empara* DE *la ville*, parceque *la ville* serait le complément du VERBE *attaqua* et de la PRÉPOSITION *de :* ce qui est contraire à la règle. Il faut donc dire : *Cet officier* ATTAQUA *et* PRIT *la ville*, ou bien : *Cet officier attaqua la ville et s'en empara.*

(Faites rendre compte de la RÈGLE *dans les phrases suivantes.)*

1. — C'est *à* la crainte de l'injustice *que* l'on doit les lois (et non pas *à qui.*)

C'est *à* un moine allemand *qu'*est due l'invention de la poudre à canon.

C'est *à* Jacquard *que* nous devons les métiers à filer le coton. C'est *à* lui *que* l'on vient d'élever un monument à Lyon.

C'est *de* Pharamond *que* date notre monarchie.

1. — Le maréchal d'Hocquincourt *attaqua* Angers et s'en *rendit maître* (et non pas *attaqua* et se rendit maître *d'*Angers).

Le bonheur le plus grand, le plus digne d'envie,
Est celui d'être *utile* et *cher* à sa patrie.

Un des plus beaux titres de Louis XIV, c'est d'avoir su *protéger* les savants et être libéral *envers* eux (et non pas *protéger* et être libéral *envers* les savants).

Il faut *aimer* son semblable et lui *prêter assistance* (et non pas aimer et prêter assistance *à son semblable*).

REMARQUES

SUR L'ORTHOGRAPHE DE QUELQUES MOTS.

1.—*Leur* ne prend jamais *s* à la fin, quand il est joint à un verbe : alors il signifie *à eux, à elles.* Ex. : *Ces enfants ont été sages, je* LEUR *donnerai un prix.*

Leur, suivi d'un substantif pluriel, prend un *s* : alors il signifie *d'eux, d'elles.* Ex. : *Un père aime ses enfants; mais il n'aime pas* LEURS *défauts.*

2. — On ne met point d'accent sur l'o des adjectifs possessifs *notre, votre* : NOTRE *père*, VOTRE *maison;* mais on met un accent circonflexe sur l'o des pronoms possessifs *le nôtre, le vôtre, la nôtre, la vôtre.* Ex. : *Mon livre est plus beau que le* VÔTRE.

3. — On met un accent grave sur *là*, adverbe de lieu : *Allez là.* On n'en met point sur *la*, adjectif : LA *mère;* ni sur le pronom féminin *la* : *Je* LA *connais.*

4.— On met un accent grave sur *où*, adverbe de lieu : *Où allez-vous?* On n'en met point sur *ou*, conjonction : *C'est vous ou moi* (1).

5. — On met un accent grave sur *à*, préposition : *Je vais à Paris.* On n'en met point sur *a*, troisième personne du verbe *avoir* : *Il a de l'esprit.*

6.—On met un accent circonflexe sur *dû*, participe du verbe *devoir* : *Rendez à chacun ce qui lui est* dû (2). On n'en met point sur *du*, employé pour *de le* : *La lumière du soleil.*

---

(1) *Ou* est toujours conjonction quand on peut dire *ou bien : C'est vous* OU BIEN *moi.*

(2) Le participe *dû* ne prend l'accent circonflexe qu'au singulier masculin. Cet accent sert uniquement aujourd'hui à distinguer le participe du mot *du* signifiant *de le.*

REMARQUES.

(Faites souligner et analyser les MOTS *qui font l'objet de la règle.)*

1. — Quand des enfants demandent des choses déraisonnables, on les *leur* refuse.

Ce serait *leur* nuire que satisfaire tous *leurs* caprices.

Si les riches ont *leurs* jouissances, ils ont aussi *leurs* chagrins.

Si les hommes me demandaient si la vie est un bien, je *leur* répondrais que cette question n'est pas facile à résoudre.

2. — Combattez vaillamment pour *notre* gloire et pour la *vôtre.*

Notre vie passe comme l'ombre.

Notre tâche est terminée : la *vôtre* commence.

Notre bonheur provient quelquefois des causes qui devaient amener *notre* perte.

3. — *La* glace ne se forme jamais dans les fontaines d'eau vive.

Bonaparte leur dit : « Allez *là :* enlevez *la* redoute ou faites-vous tuer. »

4. — Je vous suivrai partout *où* vous irez.

Où nos troupes iront-elles? en Autriche *ou* en Prusse?

Je crois qu'elles iront en Pologne, *où* il y a de grands malheurs à réparer.

5. — La girafe *a* les jambes de devant plus hautes que celles de derrière.

Sur un chemin de fer, on attèle un seul cheval *à* la plus lourde voiture.

6. — J'aurai de la peine à me faire payer ce qui m'est *dû.*

Les haricots *du* Soissonnais sont très renommés. Les truffes *du* Périgord ont une réputation méritée.

S'il vous était *dû* 45 francs, et qu'on vous en payât 38, combien vous serait-il encore *dû?* — 7 francs.

Nous ne devons pas attendre que l'ouvrier nous demande ce qui lui est *dû.*

Orléans est le chef-lieu *du* département *du* Loiret.

Napoléon n'aurait pas *dû* entreprendre la campagne de Russie.

L'ordre *du* chef a *dû* être exécuté.

DE LA PONCTUATION.

Il y a six marques principales pour indiquer en écrivant les endroits du discours où l'on doit s'arrêter.

1. — La *virgule* (,) se met après les substantifs, les adjectifs, les verbes qui se suivent. *La candeur, la docilité, la simplicité sont les vertus de l'enfance.* — *La charité est douce, patiente, bienfesante.*
La virgule sert encore à distinguer les différentes parties d'une phrase. *L'étude rend savant, la réflexion rend sage.*

2. — Le *point avec la virgule* (;) se met entre deux phrases dont l'une dépend de l'autre. *La douceur est, à la vérité, une vertu; mais elle ne doit pas dégénérer en faiblesse.*

3. — Les *deux points* (:) se mettent le plus souvent après une phrase finie, mais suivie d'une autre qui sert à l'étendre ou à l'éclaircir. *Il ne faut jamais se moquer des misérables : car qui peut s'assurer d'être toujours heureux ?*

4. — Le *point* (.) se met à la fin des phrases dont le sens est entièrement fini. *Le mensonge est le plus bas de tous les vices.*

5. — Le *point interrogatif* (?) se met à la fin des phrases qui expriment une interrogation. *Quoi de plus beau que la vertu?*

6. — Le *point admiratif* (!) se met après les phrases qui expriment l'admiration. *Qu'il est doux de servir le Seigneur ! Qu'il est glorieux de mourir pour sa patrie !*

DE LA PONCTUATION.

(Faites ponctuer *les phrases suivantes.)*

1. — Le cœur, l'esprit, les mœurs, tout gagne à la culture.
La prudence, la sagesse, la modération sont des vertus essentielles, nécessaires, indispensables au bonheur des hommes.
La richesse, le plaisir, la santé deviènent des maux pour qui ne sait pas en user.
Boire, manger, jouer, dormir, c'est l'occupation des paresseux.
L'Europe, l'Asie, l'Afrique, l'Amérique et l'Océanie sont les cinq parties du monde.

2. — L'éléphant ébranle la terre sous ses pas; avec sa trompe il arrache les arbres; d'un coup de son corps il fait brèche dans un mur.
L'architecture, comme tous les arts, a pris naissance en Asie; mais c'est en Grèce qu'elle s'est perfectionnée.

3. — Vous serez riches peut-être : n'oubliez pas alors que le plus noble emploi des richesses est de soulager les malheureux qui souffrent.
L'homme est né pour agir : l'inaction est une mort anticipée.
L'aumône est la prière par excellence : elle atteint toujours un but.

4. — On fauche les prés au mois de juin et au moins de juillet.
On moissonne au mois d'août; on vendange au mois d'octobre.
La foi est la consolation des malheureux.

5. — De quoi la patience de l'homme ne vient-elle pas à bout?
Quelle est la plus grande ville de France? — Paris.
Quand viendra le temps de la fraternité bien comprise?

6. — A tous les cœurs bien nés que la patrie est chère!
Que de richesses nous donne l'agriculture!
Que les sages sont en petit nombre, et qu'il est rare d'en trouver!

AUTRES SIGNES ORTHOGRAPHIQUES.

1. — L'*apostrophe* (') marque le retranchement d'une des trois lettres *a, e, i*, comme dans :

l'ardeur,	*l'ami*,	*s'il arrive ;*
pour *la ardeur*,	*le ami*,	*si il arrive.*

2. — Le *trait-d'union* (-) se met entre deux mots tellement joints ensemble qu'ils n'en font plus qu'un : *chef-d'œuvre*, *courte-pointe*, *avant-coureur* (1).

Il s'emploie encore dans quelques autres circonstances : *Irai-je? Viens-tu? Puisses-tu! Rends-la-lui.*

3. — Le *tréma* (··), placé sur les voyelles *i* et *u*, indique que ces lettres doivent être prononcées séparément de la voyelle qui précède, comme *naïf, Saül*, etc. (2).

4. — La *cédille* (͵) indique que le *c*, devant *a, o, u*, a la valeur d'un *s*, comme dans *façon, leçon, façade, reçu.*

5. — Les *parenthèses* ( ) renferment quelques mots détachés dont le sens est, pour ainsi dire, étranger à celui de la phrase principale. Ex. : *Celui qui évite d'apprendre* (dit le Sage) *tombera dans le mal.*

Souvent les parenthèses peuvent être remplacées par deux virgules.

---

(1) Espérons que bientôt tous ces mots composés deviendront des mots *simples*, et qu'on écrira des *courtepointes*, des *gardemangers*, etc. (Voir la note, page 82.)

(2) C'est à tort qu'on mettait le tréma sur l'*e*, et non pas sur l'*u* des mots dont la dernière syllabe ne doit pas se prononcer comme la dernière du mot *fatigue*. Il faut donc mettre le tréma sur la voyelle *u*, car c'est cette voyelle qui se fait entendre dans la syllabe finale. C'est pour cela que nous écrivons maintenant *aigüe, ambigüe, il argüe, cigüe, contigüe, exigüe*, etc.

AUTRES SIGNES ORTHOGRAPHIQUES.

1. — *S'il* vient quelqu'*un*, tu diras que je *n'y* suis pas (*si il* vient quelqu*e un ; — ne y*).

Le renard est *l'*animal le plus rusé (*le animal*).

L'*honnête* homme ne *s'*abaisse jamais jusqu'*à* feindre (*le honnête* homme ne *se a*baisse jamais jusqu*e à* feindre).

2. — Versailles est le chef-lieu du département de Seine-et-Oise.

Un terre-plain est un amas de terre élevée.

Un garde-manger doit toujours être placé dans un lieu où l'air puisse circuler librement.

Viendras-tu me voir ? Que dit-on ? Fera-t-on la guerre ?

Le malade a-t-il besoin de quelque chose ?

3. — La *cigüe* est une herbe vénéneuse.

Une maison *exigüe* est une maison petite.

On dit de deux maisons qui se touchent, qu'elles sont *contigües*.

J'aime la *naïveté* des enfants.

4. — Il faut que, dès le bas âge, nous soyons (1) *façonnés* au travail.

Quand vous payez une dette, ayez toujours soin de demander un *reçu*.

5. — Je croyais, moi (jugez de ma simplicité !)
Que l'on devait rougir de la duplicité.

> Fallut dîner ; car, malgré leurs chagrins
> (Chétif mortel, j'en ai l'expérience),
> Les malheureux ne font point abstinence.

> Mes chers enfants, dit-il (à ses fils il parlait),
> Voyez si vous romprez ces dards liés ensemble.

---

(1) N'écrivez-pas *soyions*. — L'*y* tenant ici la place de deux *i*, *soyons* équivaut à *soi-ions*. Ainsi, en écrivant *que nous soyions, que vous soyiez*, on mettrait un *i* de trop, puisqu'il n'en faut que *deux* dans *soyons, soyez*, et qu'il y en a *trois* dans *soyions, soyiez*.

LOCUTIONS VICIEUSES.
MOTS VARIABLES.

(Faites remarquer les FAUTES, *et faites-les corriger.)*

Locutions vicieuses.	Locutions correctes.
Il a des souliers ACCULÉS.	Il a des souliers ÉCULÉS.
A *nos âges,* on n'étudie plus.	A *notre âge.* (L'âge de chacun.)
Il m'a *agonisé* de sottises.	Il m'a *accablé* de sottises.
L'*aigledon* est un duvet très fin.	L'*édredon* est un duvet très fin.
C'est un lieu bien *airé.*	C'est un lieu bien *aéré.*
A*jamber* un ruisseau.	EN*jamber* un ruisseau.
Il faut A*largir* ce corset.	Il faut É*largir* ce corset.
De *la bonne* amadou.	De *bon* amadou.
Voilà un bel *angoLa.*	Voilà un bel *angoRa.*
Un bout de fil d'*arÉchal.*	Un bout de fil d'*archal.*
Une *arche* de triomphe.	Un *arc* de triomphe.
Une OR*moire.*	Une AR*moire.*
Assis-toi.	*Assieds-toi,* ou *Assois-toi.*
Il faut *balYer.*	Il faut *balaYer.*
Des *bamboches* et un *caneçon.*	Des *pantoufles* et un *caLeçon.*
Il *bègue.*	Il *bégaie.*
Le vin est fait pour *boire.*	Le vin est fait pour *être bu.*
Il a *bosselé* ce chandelier.	Il a *bossué* ce chandelier.
Vous avez *rempli le but.*	Vous avez *atteint* le but.
J'ai mis de la *castonade* dans la *castrole.*	J'ai mis de la *cassonade* dans la *casserole.*
Le verre est *casuel.*	Le verre est *cassant, fragile.*
Il a une voix de *centaure.*	Il a une voix de *Stentor.*
Changez-vous.	*Changez de vêtements.*
Six bottes à 2 francs *chaque.*	Six bottes à 2 francs *chacune.*
Un marchand cL*incailler.*	Un marchand QuI*ncailler.*
Voilà un *chiRugien* d'une belle *corporence.*	Voilà un *chiRuRgien* d'une belle *corpulence.*
Allez au bout du *coLidor.*	Allez au bout du *coRRidor.*
Je vais *colorer* cette image.	Je vais *colorier* cette image.
C'est une affaire *conséquente.*	C'est une affaire *importante.*
Il *est bien corporé.*	Il *a de la corpulence.*
Il est *dangereux* que cette muraille croûle.	Il est *à craindre* que cette muraille croûle.
Il ne *décesse* de parler.	Il ne *cesse* de parler.
Je me suis EN *allé.*	Je *m'EN suis allé.*
J'ai une EN*flammation,* unE *erésipèle,* une *esquiLancie,* une *plurésie* et LES *fièvres*	J'ai une IN*flammation,* un *éRysipèle,* une *esquiNancie,* une *pLeurésie* et LA *fièvre.*
Il est EF*fatué* de sa personne.	Il est IN*fatué* de sa personne.
C'est un danger *Éminent.*	C'est un danger IM*minent.*
Descendez vite *les escaliers.*	Descendez vite *l'escalier.*
Evitez-moi cette peine.	*Epargnez*-moi cette peine.
L'*Éruption* des eaux.	L'*irruption* des eaux.

MOTS VARIABLES (suite).

(Faites remarquer les FAUTES, *et faites-les corriger.)*

Locutions vicieuses.	Locutions correctes.
Je vous demande *excuse.* . . .	Je vous demande *pardon.*
Il *a fait* une longue maladie.. .	Il *a eu* une longue maladie.
Il *fait* de la rosée.	Il *tombe* de la rosée.
Il *a été fait* mourir.	Il a été mis à mort.
Cet homme est *farce.*	Cet homme est *farceur, plaisant.*
Cet homme est *fortuné.*	Cet homme est riche.
J'ai eu la *fringale.*.	J'ai eu la *faimvalle.*
Le *gaudron* est une espèce de poix.	Le *goudron* est une espèce de poix.
Ce chien est de bonne *guette.* .	Ce chien est de bon *guet.*
Le *gigier* d'*un* dinde.	Le *gésier* d'*une* dinde.
J'ai une hémorragie *de sang.* .	J'ai une *hémorragie.*
Une place *imminente.*	Une place *éminente.*
Ce marais *infeste* l'air.	Ce marais *infecte* l'air.
L'armée *infecte* le pays. . . .	L'armée *infeste* le pays.
N'*invectivez* personne.	N'*invectivez* CONTRE personne.
Il *jouit* d'une mauvaise santé. .	Il *a* une mauvaise santé.
Je *leur* suis parent.	Je suis *leur* parent.
Il y a un *jeu* d'eau.	Il y a un *jet* d'eau.
Je *me suis laissé dire.*	*On m'a dit.*
Cette cuisine a un *lavier.* . . .	Cette cuisine a un *évier.*
Les père et mère.	Le père et la mère.
Je *lui en* défie..	Je *l'en* défie.
J'ai eu 20 personnes à *manger.*..	J'ai eu 20 personnes à *dîner.*
Une humeur *massacrante* . . .	Une humeur *insupportable.*
Il a un air *minable* et *rébarba-*NATIF.	Il a un air *misérable* et *rébar-batif.*
Il *morigine* ses enfants.	Il *morigène* ses enfants.
Aimez-vous les NENTILLES et la *semoutle?*	Aimez-vous les LENTILLES et la *semoule?*
Je vous *observe* que	Je vous *fais observer* que.
Quel *oragan* il a fait sur *les* minuit !.	Quel *ouragan* il a fait sur *le* mi-nuit!
Est-il *ostiné!*	Est-il OBSTINÉ!
Le *palefermier* a reçu une *rin-cée.*.	Le *palefrenier* a reçu *bien des coups.*
Comprends-tu la *pantomine?*. .	Comprends-tu la *pantomime?*
Cette rue est très *passagère.*. . .	Cette rue est très *fréquentée.*
J'irai *vers* LES *midi précises.* . .	J'irai *à midi précis.*
Je vous *promets* que cela est. .	Je vous *assure* que cela est.
*Qu'*a-t-il à se plaindre?.	*De quoi* a-t-il à se plaindre?
Cet enfant est *rancuneux.* . . .	Cet enfant est *rancunier.*
Je ne me rappèle pas *de* son nom.	Je ne me rappèle pas *son* nom.
Il a *recouvert* la vue, la santé. .	Il a *recouvré* la vue, la santé.

MOTS VARIABLES (SUITE).

(Faites remarquer les FAUTES, *et faites-les corriger.)*

Locutions vicieuses.	Locutions correctes.
Où *restez*-vous?	Où *demeurez*-vous?
Rétablir le *désordre*.	Rétablir *l'ordre*.
Il a pris sa *revange*.	Il a pris sa *revanche*.
Elle a l'air d'une sainte-*nitou*-*che*.	Elle a l'air d'une sainte-*nitou*-*che*.
Tu *sais* bien un tel?	Tu *connais* bien un tel?
On ne croit plus aux *sorciléges*.	On ne croit plus aux *sortiléges*.
Je *sors* d'être malade.	Je *viens* d'être malade.
Il est *susceptible* de faire cela.	Il est *capable* de faire cela.
Je *suis été* malade.	*J'ai été* malade.
Tâchez que je sois satisfait.	*Faites en sorte* que je sois.
Tel qu'il soit, cela m'est égal.	*Quel* qu'il soit, cela m'est égal.
J'ai acheté trois *têtes* d'oreiller.	J'ai acheté trois *taies* d'oreiller.
Voici une étoffe bien *tissée*.	Voici une étoffe bien *tissue*.
Les fruits tombent *par* terre.	Les fruits tombent *à* terre.
Un arbre tombe *à* terre.	Un arbre tombe *par* terre.
Une fois pour *tout*.	Une fois pour *toutes*.
Faites le *trayage* des lettres.	Faites le *triage* (ou le *tri*).
Tu es un vilain *trichard*.	Tu es un vilain *tricheur*.
Un insecte est *vénéneux*.	Un insecte est *venimeux*.
Une plante est *venimeuse*.	Une plante est *vénéneuse*.
Comment *vous va?*	Comment *vous portez-vous?*
Voyez *voir*.	*Voyez, regardez.*

MOTS INVARIABLES.

Nous *avons* plusieurs endroits *à aller*.	Nous *devons aller* dans plusieurs endroits.
Éclairer *à* quelqu'un.	Éclairer quelqu'un.
Deux *à* trois kilogrammes.	*De* deux *à* trois kilogrammes.
Cinq *à* six personnes.	Cinq *ou* six personnes.
Venir *à* bonne heure.	Venir *de* bonne heure.
La maison *à* mon père.	La maison *de* mon père.
On fait *à* savoir.	On fait *savoir*.
De manière *à ce* que.	De manière *que*.
La clé est *après* la porte.	La clé est *à* la porte.
On demande *après* vous.	On *vous* demande.
Aussitôt son départ.	Aussitôt *après* son départ.
Cinq *à* six heures.	Cinq *ou* six heures.
Au jour d'aujourd'hui.	*Aujourd'hui.*
C'est *à vous à qui* je parle.	C'est *à* vous *que* je parle.
J'ai déjeûné *avec* du pâté.	J'ai déjeûné *de* pâté.
Supérieurement *bien* fait.	*Supérieurement* fait.

MOTS INVARIABLES (SUITE).

(Faites remarquer les FAUTES, *et faites-les corriger.)*

Locutions vicieuses.	Locutions correctes.
Aussi grand *comme* moi......	Vous êtes aussi grand *que* moi.
Brave *comme tout*........	Brave *autant qu'on peut l'être.*
Il est sans *contredire* le plus sage.	Il est sans *contredit* le plus sage.
Aller à *croche-pied*.......	Aller à *cloche-pied.*
Il a ses souliers *dans* ses pieds.	Il a ses souliers *aux* pieds.
Il a *davantage* de bien *que* de bon sens..............	Il a *plus* de bien *que* de bon sens.
Il croit *de* bien faire.......	Il croit bien faire.
Comme *de* juste.........	Comme *il est* juste.
C'est *de* vous *de qui* je parle. .	C'est *de* vous *que* je parle.
Ainsi *donc*, vous avez tort. ...	*Ainsi,* vous avez tort.
Bien *du* contraire........	Bien *au* contraire.
Il va en *errière*........	Il va en *arrière.*
Il *en* agit mal envers moi. ...	Il agit mal envers moi.
En cas que vous réussissiez...	*Au* cas que.
Il s'*en* est enfui.........	Il s'est enfui.
L'air noble *en* impose......	L'air noble impose.
En outre *de* cela........	*Outre* cela.
Nous allons dîner, PUIS *ensuite* nous partirons.........	Nous allons dîner, *ensuite* nous partirons.
Au fur et à mesure que.....	A *mesure* que.
Hier *soir,* hier *matin*......	Hier *au* soir, hier *au* matin.
Sachez *là où* il est........	Sachez *où* il est.
Il fut forcé *malgré lui* de partir.	Il fut *forcé* de partir.
Il est parti *malgré* la pluie....	Il est parti *nonobstant* la pluie.
Il parle *des mieux*........	Il parle très bien.
Or donc, j'ai raison.......	*Donc,* j'ai raison.
C'est *là où* je demeure.....	C'est *là que* je demeure.
Ous que vous avez été?	*Où* avez-vous été?
Arracher brin *par* brin......	Arracher brin *à* brin.
Il l'a fait *par* exprès.......	Il l'a fait *exprès.*
Je n'en ai PAS *guère*......	Je n'en ai *guère.*
Fermez *un peu* la porte.....	*Fermez* la porte.
Tant *pire*............	Tant *pis.*
J'y serai *quand et* vous.....	*En même temps que* vous.
Combien *que* tu en as?	Combien *en* as-tu?
Quoique cela..........	*Malgré* cela.
A la rebours..........	*Au* rebours.
Il est *si tellement* bon.....	Il est *si* bon.
J'en ai *suffisant*........	J'en ai *suffisamment.*
Obéissez *de suite*........	Obéissez *tout de suite.*
Je l'ai lu *sur* le journal.....	Je l'ai lu *dans* le journal.
Tant qu'à moi..........	*Quant à* moi.
J'irai *tout de même*.......	J'irai *néanmoins.*
Ingrat *vis-à-vis de* ses parents.	Ingrat *envers* ses parents

TABLE DES MATIÈRES.

FIN.

9 782014 053050